100%の前向き思考

猪狩ともか

東洋経済新報社

プロローグ　事故

――あの日のこと

その日、私は大荷物を持って秋葉原にあるライブ会場「仮面女子ＣＡＦＥ」に急いでいました。

私は地下アイドルグループ「仮面女子」に所属しています。

仮面女子は秋葉原に「仮面女子ＣＡＦＥ」という専用の劇場があり、主にそこでライブ活動を行っています。

その日、私はステージの出演はなかったのですが、ダンスレッスンと新曲の振り入れ（振り付けを覚えること）がありました。当時はダンスレッスンや整体も、「仮面女子ＣＡＦＥ」で公演時間外に実施されていました。

私はしばらくレッスンを受けていなかったので「そろそろやらなきゃいけないいな」と思い、**本当にたまたま、その日に参加しようとしていました。**そしてダンスレッスンの前には整体の予約を入れていました。

次の日には大阪での仕事が入っていたので、そのまま仮眠して早朝大阪に向かえるよう、キャリーケースをゴロゴロ転がして歩いていました。


あのとき、もし靴ヒモがほどけて結び直していたら。

もし、誰かから電話がかかってきて歩みを止めて通話をしていたら。

もし、のどが渇いて自動販売機で飲み物を買っていたら。

わずか数秒でも手前で何かをしていたら……。

もっといえば、整体を別の時間に予約していれば……。


私は事故には遭っていませんでした。

――それは、突風が吹いた次の瞬間、起こった

その日は、全国各地でニュースになるほど風が強い日でした。

電車を降りていつも通る道。

新曲をイヤホンで聴きながら**「今日は風がすごいな」**と思いながらも、頭の中は振り付けのことや翌日の大阪での仕事のことでいっぱいでした。

1年ちょっと前に仮面女子の正規メンバーになったばかりの私は、仕事が楽しくて充実していて、毎日がキラキラと輝いていました。


急に強い突風が吹いて、左手の看板がガタガタ鳴っているのが、なんとなく目の端に入りました。

その次の瞬間、私は看板の下敷きになっていました。


一瞬のことでした。

看板が倒れてくるとき**「あっ、ヤバイ！」**と思いましたが、キャリーケースを持っていたし、とっさに逃げることはできませんでした。逃げようとして逃げられるほどの時間もなかったと思います。

看板の下にうつぶせの状態で倒れて、視界も遮られた状態。

自分の身に何が起こっているのかわかりませんでした。

そして痛みを感じることよりも、看板が重たくて、苦しくて苦しくて……。

息ができない。

経験したことのない、ありえない、凶器のような重さでした。

「これは自分ひとりではどうにもできない、助けを呼ばなければ」と思いました。

少し先に飛んでいたスマホが視界に入り、手を伸ばして取ろうとしたけど届かない。

「助けて……‼」

とても大きな声を出せる状態ではなかったけれど、精一杯の力で助けを呼びました。

「ああ、明日大阪なのにどうしよう」

「整体とダンスレッスン、不参加の電話をしないと……」

下敷きになりながらも、頭の中では仕事のことが心配でした。


――気が遠くなるほどの痛み――助けられたときに感じた異変

ほどなく人がまわりに集まり、３人がかりで看板をどかしてくれたと聞きました。

「助かった……」

頭の中は真っ白だったけれど、とにかく命は助かった、それだけはわかりました。

あとから聞いた話では、**看板は木製で高さ2・8メートル、幅3・5メートル、重さは数百キロ。**

建物の敷地を飛び越え、歩道全体に覆いかぶさった状況だったそうです。

助けてくださった方はうつぶせになっている私を見て「これでは苦しいだろうから」と言いながら、仰向けにしてくれました。

そのときです。

「痛～～～～ッ！！！」

今までに感じたことのない、信じられないほどの激痛が腰に走り、私は思わず絶叫していました。気が遠くなるほどの痛みでした。

「なんでこんなに痛いの⁉」

自分の身に何が起こっているのかわからず、思考停止状態に陥っていました。


──気を失いたい、意識が遠のいてほしい……


そうこうするうちに、助けてくださった方が呼んでくれた救急車が到着し、ストレッチャーに乗せられ、病院に運ばれました。

救急車に乗せられるときも、車が走り出しても、身体が動くたび激痛が走るのです。

それだけでなく、苦しくて息もできない……。

あとから聞いたのは、このときの私は**胸髄《きょうずい》を損傷していて、肺に血がたまり、呼吸のできない状態**だったそうです。

人間、あまりに痛いと意識が遠のくとか気絶するとか言いますよね。ドラマでもよくそんなシーンを見ます。でも全然そうならない……。ずっと意識がある状態でした。

「こういうときって、意識を失うものじゃないの？」

気を失いたいと、ずっとそればかり願っていました。とにかくラクになりたい、その一心でした……。

――飛び込んできた母、始まった検査

――「いやいや、無理だよ！」

救急車の中で救急隊員の方から、私の名前や家族の連絡先を聞かれました。言葉を発するのも厳しかったけれど、なんとか母の勤務先を伝えました。

近くの大きな病院に運び込まれて、肺にたまった血を抜く処置が行われました。

処置が終わり、意識が朦朧《もうろう》としている中、母が飛び込んできました。

「とも、大丈夫？」

見たこともないような、心配そうな顔……。

母も突然の知らせに、それは驚いたと思います。

でも、私はずっと自分の身に何が起こっているのかわからなくて、ひとりで心細かったので、母の顔を見ることができて少しホッとしました。

ずっと気がかりだった仕事のことは、母が事務所に連絡を入れて事情を伝えてくれたとのことで、とりあえず安心もしました。

それから、レントゲンやCTなどの検査が始まりました。

検査台への移動も激痛の連続。そのたびに痛みに耐えきれずにうめき声を上げてしまい、**この世の地獄かと思いました。**

CT検査のときは「息を吸ってください」「止めてください」と機械の音声で指示をされるのですが、とてもじゃないけど、そんなことができる状態ではありません。

「いやいや、無理だよ！」と、心の中で叫んでいました。

私は知らなかったのですが、**ここですでに「脊髄損傷」と診断されていた**そうです。

――別の病院に搬送されて緊急手術へ……

その病院では脊髄の手術ができないとのことで、緊急手術のために別の病院へ移動することになりました。一刻を争う状態だったそうです。

移動先の病院には、脊髄手術のエキスパートがいるとのことでした。

そこからまた迎えの車に乗って、母とともに1時間ほどの距離を移動。

私はずっと「息が苦しい」と訴えていました。

車の中で酸素マスクがつけられましたが、ラクになることはありませんでした。

このとき、**前の病院で血を抜いてもらったほうとは反対側の肺にも、血がたまっていた**そうです。

でも鎮痛剤か何かの薬が処方されたのか、意識が混とんとしてきて、いつの間にか私は眠りに落ちていました……。

100%の前向き思考

CONTENTS

目次

プロローグ　事故

■あの日のこと……1
■それは、突風が吹いた次の瞬間、起こった……2
■気が遠くなるほどの痛み
——助けられたときに感じた異変……4
■気を失いたい、意識が遠のいてほしい……5
■飛び込んできた母、始まった検査
——「いやいや、無理だよ！」……6
■別の病院に搬送されて緊急手術へ……8

第Ⅰ部　地下アイドル、ケガ、そして復帰へ——猪狩ともか物語

Chapter 1　万年劣等生アイドル——仮面女子になるまで

■24歳の絶望——「なんでダメなの!?」
「もう無理！！！」……22
■「最後のチャンス」と決めて臨んだ発表で
——呼ばれなかった私の名前……23
■もうここで潮時だと思った——「何もかも
どうでもいいや……。十分頑張ったよ、私」……24
■私を心配する声にハッとして……26
■悲壮感いっぱいのアイドル……27
■「アイドルになりたい」と決意したのは、
21歳のとき……29
■「年齢制限オーバー」なアイドル……31
■しぶしぶ（？）賛成してくれた両親……32
■オーディションに合格できず……
「見習い生」になる……33
■「地下アイドル」とは？——「地上アイドル
（メジャーアイドル）」との違いは？……35
■最強の地下アイドル「仮面女子」とは？……37
■崖っぷちアイドルの誕生——「1日でも早く
昇格したい！　仮面女子になりたい！」……39
■入りたての頃は、トントン拍子に昇格……40
■すべては仮面女子になるために！……42
■初めての挫折、メンタルの崩壊、
そして2カ月間の休業へ……44

■心療内科を受診したら……46
■「私だけ取り残される……」焦りの日々……47
■3回目の組閣で味わった絶望……49
■4回目のチャレンジで、ついに仮面女子に昇格！……51
■仮面女子として活動するキラキラな日々！
――「みんなの希望の光になりたい」……53
■「この先もずっとステージに立ち続け、歌って、踊ることができる」そう信じて、あの日、風が強く吹く中、いつものようにステージに向かって歩いた……55

Chapter 2
緊急手術、意識が戻って
――入院の日々

■立てなかったステージ、6時間に及んだ緊急手術……58
■「脚はいつ戻りますか？」
――「脊髄損傷」と宣告されて……59
■駆けつけた家族――初めて見た父の泣き顔……61
■痛みと戦う術後の地獄……62
■食事が、とりわけつらい時間に……63
■「私を支えよう」としてくれる家族のパワー……64
■ファンの皆さんの応援に涙……64
■「#いがともちゃんがんばれ」……65

Chapter 3
リハビリ開始、そして車椅子デビュー
――世間に発表した日

■入院翌日からリハビリ開始！……68
■今まで普通にできたことが、とんでもなく困難なことに……68
■「痛い痛い星人」から、ケガの回復を実感する日々へ！……70
■「車椅子デビュー」は入院して6日目
――「小さな成功体験」を積み重ねる……71
■世間に向けて発表した日……73

Chapter 4
復活のステージ

■すさまじい反響にツイッターがダウン……88
■ある人たちとの面会……89
■埼玉西武ライオンズの選手の方々の応援！……90

■選手の寄せ書きユニフォームに感涙！
——私、絶対に、絶対に頑張る！……92
■仮面女子メンバーのこと……93
■復帰のステージへ！
——あの日、来たくて、来られなかった場所へ…94
■アイドルであり続けたい！……95
■復帰ライブ
——あの日、立てなかったステージへ……96
■万感の思いを胸に。退院の日
——「ここからが新たなスタートだ」……98

第Ⅱ部
生きていたら何だってできる！ 一歩ずつ前に進むための55の言葉

■私が立ち直ることができたのは「言葉の力」があったから
——言葉にはパワーがある！「100％の前向き思考」にしてくれた55の言葉……102

自分を受け入れる

1 「事故に遭ってよかった」とは一生思えないけど、新しい道が、明るい場所でよかった。 106
2 生きていてよかった！ 脚が動かなくたって、生きてさえいれば、何だってできる！ 110
3 生きているだけで、人生「0点」なんてありえない！ 人生は案外どうにでもなる！ 114
4 「事故がなければ有名になっていなかった」 でも、本当にその通りかもしれない。自分で自分を認めてあげたっていいじゃない。 118
5 自分で自分をほめてあげなくてどうするんだ！ 自分で自分に「ナイフ」を向けてどうするんだ！ 122

6 人は誰もが一人ひとり必要な存在。焦らず、自分にできることを精一杯やればいい。 126

前を向く

7 前を向くから、誰かが助けてくれる。どんなときでも、前を向いていれば、必ずいいことがある。 130

8 書くことで、気持ちが整理できる。自分の環境を、客観的に考えられる。ノートは、私を励ましてくれる「大切な相棒」。 134

9 自分で書いた言葉は、自分を守ってくれる「お守り」になる。 138

10 「生きていた!!」「頭や首が無事」「手が自由」「顔に大きな傷が残らなかった」——不幸中の幸いリスト 142

11 事故で失ったものも多いけれど、事故に遭ったからこそ、得られたものも、たくさんある。 146

12 思い出を振り返ることはあっても、後ろは振り向かない。私が今いる場所は、今ここしかない。 150

目標を立てる　一歩ずつ前に進む

13 人は目標があるから頑張れる！目標は何個あってもいい!!私にはいつも「4段階の目標」がある。 156

14 「車椅子で最高の人生、歩いてもっと最高の人生」 160

15 「未来の奇跡」を信じながらも、「今の現実」を見つめる。「最良」「最悪」「普通」と3つのケースを想定する。 164

16 目標を立てたら、そのままにしない。目につくところに貼っておく。目標は、常にリマインド！ 166
17 寝る前に、「明日の楽しみ」と「明日の目標」を書き出すと、明日が「ちょっと特別な日」になる！ 168
18 言葉にすると、文字にすると、思いは、さらに強くなる。言葉はチャンスも引き寄せてくれる！ 170
自分の可能性を信じる 自分に自信を持つ
19 「今、自分ができること」を数えていくと、自信につながる。 174
20 「できないこと」「できなくなったこと」ではなく、「できること」にフォーカスする。 178
21 「人よりすごいものが何かひとつでもあれば、それを武器にできる！」 182
22 苦手なことを無理に頑張るより、得意なことを伸ばす！「小さな得意」で自分を際立たせる！ 186
23 思い切ってやれば、案外うまくいく！うまくいかなくてもあきらめずに続ける！ 190
24 「続けてたら、なりたい自分になれるんやで」 194
今を生きる 日常を楽しむ
25 「朝食完食」という快挙！お粥じゃなくて、ご飯が食べられた！幸せは日常にある！ 198
26 ヒマ、ヒマ、ヒマ、ヒマ！でも、ヒマはいいこと！ 202

27 やっぱり乙女なことをしないと、楽しくない！！！ オシャレがないと、女子として楽しみがない（涙）！ 204

28 「自分が今いる場所を好きになること」それが、私の最大の特技！ 208

29 「自分のお城」を築いてしまえば、どこだって居心地のいい快適空間になる！ 212

夢を見つける
夢を叶える

30 夢を語るって大事！ 眠れない夜は、夢を語る！ 216

31 「羽生結弦選手に会いたい！」「お肌の若返り！」「出張シャンプーしてもらう」「事故のことを本にしたい」——言うだけならタダなので いろいろ言ってみるリスト 220

32 努力しても、報われるかどうかわからないけど、努力しないと意味がない！ 224

33 あきらめてしまえば、ただの思い出になってしまう。 226

34 夢を叶えることができたら、苦しかった日々は全部、「それまでに必要だった過程」になる。 228

35 泥水すすって雑草魂で頑張る！ それでこそ最強地下アイドル仮面女子！ 230

36 本当につらいときは、過去の挫折体験を思い出す。つらい経験は、いつか「未来の私」を救ってくれる。 234

37 悔しい思いをたくさんするほど、成長できる。挫折するほど、強くなれる。 236

心を強くする
メンタルを守る

38 メンタルが弱いからこそ、どんなときでも「(笑)」を忘れない。「1日1(笑)」を毎日の目標に! 240

39 嫌なことがあったときは、現実逃避したっていい。私も、つらいときは趣味に逃げる(笑)。 244

40 1日1回くらいは涙を流すのもいいかも。マイナス感情に素直になる時間だって必要。 248

41 メンタルを守るには、期待しすぎず、でも、ちょっと期待する。 252

42 誰かに悪口を言われたら、「心を強くするチャンス」と考える。 254

43 人の批判に傷ついたときは、「1のアンチの人」より、「9の応援してくれる人」を思い出す。 256

44 体調が悪いときもある。そんなときは、我慢しないで身体の状態を、まわりに知らせる。そういう人間関係、環境が大切。 258

家族の力
仲間の力
ファンの力

45 戻る場所、私を必要としてくれる人たちがいるから、頑張れる。 264

46 絶望しそうになったときも、家族の絆があれば、這い上がってこられる。 268

47 人はたったひとつの言葉、たった一通の手紙で立ち直ることができる。 272

48 つらい記憶も
唇をかみしめた昨日も
何もかもが笑える過去になる。 276

49 「応援のパワー」ってすごい。
「見えない力」が働くことは、
やっぱりある。
人は応援の力で、限界突破できる！ 278

未来を見つめる
前に進み続ける

50 いつだって、何度だって、
新しい人生は始められる！ 282

51 少しでも人を勇気づけ、
元気を与えることができたら、
それは自分の生きる糧になる。 286

52 自分のためにやっていることが、
他人にプラスを与えることもある。
影響力って、そういうことなのかな。 290

53 生きていれば、
たくさんの楽しいことに出会える！
人生は、まだまだこれから！ 292

54 車椅子はたしかに不便だけど、
決して不幸ではない。
障害を負った私は、
これからも人前に出続ける
使命がある。 296

55 エピローグ
車椅子生活になって
新しく開いた道で
自分の可能性を信じてみたい。 300

第Ⅰ部

地下アイドル、ケガ、そして復帰へ

猪狩ともか物語

Story of Tomoka Igari

第 I 部

Chapter1

万年劣等生アイドル

仮面女子になるまで

Story of Tomoka Igari

24歳の絶望
──「なんでダメなの⁉」「もう無理！！！」

「なんで、なんで？」
「なんでダメなの⁉」
「もう無理！！！」

絶望に打ちひしがれ、私は恥ずかしいほどに取り乱し、泣き叫んでいました。

２０１６年６月11日。

年に数回行われる、仮面女子昇格メンバーの発表（組閣）の日。

「仮面女子ＣＡＦＥ」のバックステージでのことでした。

あとから説明しますが、仮面女子には独自の「昇格制度」があり、研究生、候補生、そして最後は仮面女子へと、ステップアップしていきます。

私はさらにオーディションに落ちた「見習い生」という期間からの昇格を重ね、満を持してこの日を迎えていました。

仮面女子になるまで

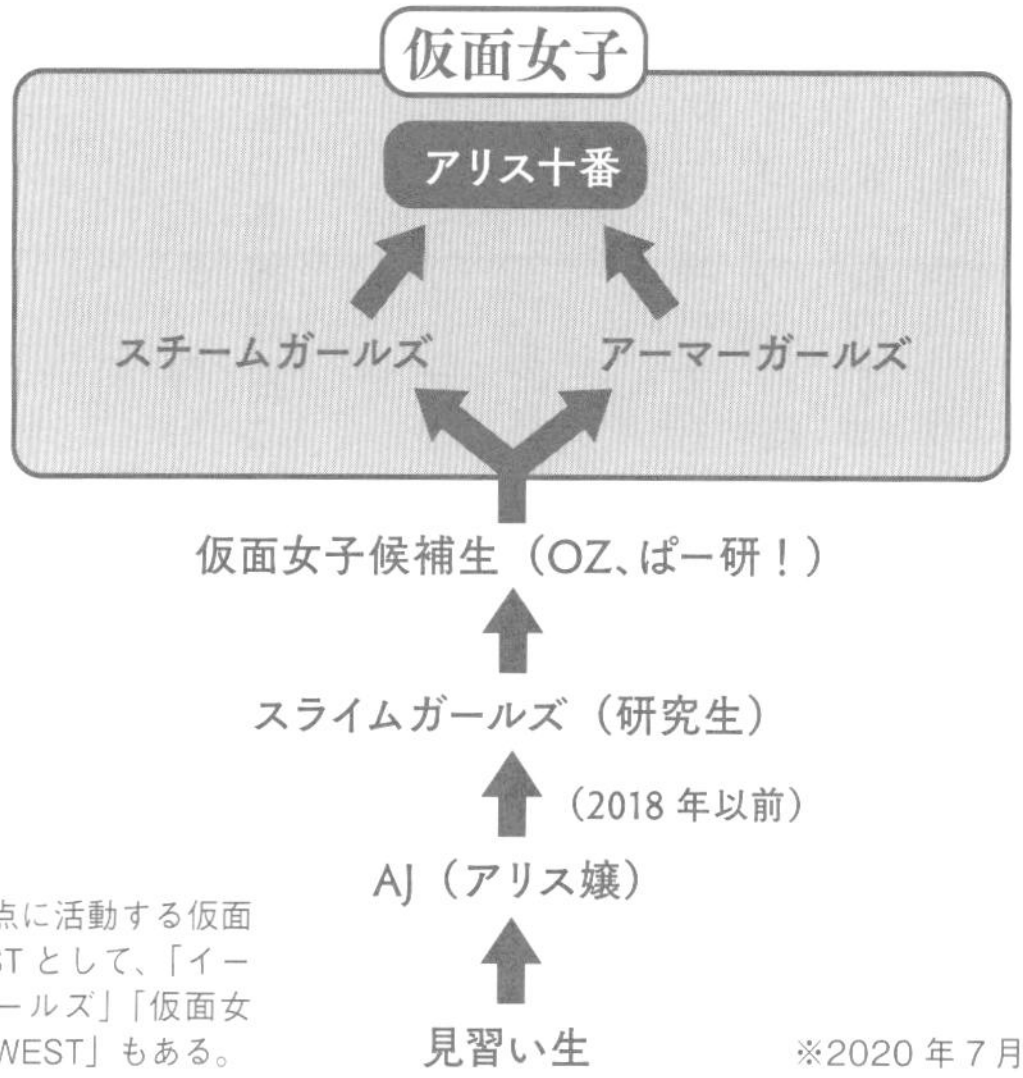

＊大阪を拠点に活動する仮面女子 WEST として、「イースターガールズ」「仮面女子候補生 WEST」もある。

※2020 年 7 月現在

「最後のチャンス」と決めて臨んだ発表で
——呼ばれなかった私の名前

仮面女子に昇格するのは、事務所に所属しているメンバー全員の夢です。

発表時、私たちメンバーはステージ上に並び、昇格する人の名前が呼ばれます。

昇格するためには歌やダンスの実力はもちろんですが、人気やアイドルとしての素養・資質、素行や礼儀などの人間性も問われます。

夢破れて去っていく子も少なくありません。

このとき私はアイドルとして活動

を始めて3年目、年齢はすでに24歳でした。

「これが最後のチャンス」と自分で決め、臨んだ発表だったのです。

絶対に私の名前が呼ばれると信じていました。

ところが、呼ばれたのは別のメンバーの名前。

私の名前は呼ばれませんでした。

――もうここで潮時だと思った

――「何もかもどうでもいいや……。十分頑張ったよ、私」

絶対に昇格する気でいたので、悔しくて悔しくてたまりませんでした。

この日のために全力で突っ走ってきたから。

何より**私をずっと応援してくれて、私の昇格を信じていてくれたファンの皆さんに申し訳なくて……**。

期待に応えられなかった罪悪感でいっぱいでした。

昇格したメンバーの子にお祝いの言葉をかけてあげることはもちろん、こんな私の醜態を見て彼女たちがどう思うか、気遣う余裕さえありませんでした。

「大丈夫、次があるから」

「また頑張ればいいんだよ」

プロデューサーやメンバーの慰めの言葉もまったく耳に入らず、泣き続けました。


もう終わりだ。

精一杯やったし……。

何もかもどうでもいいや……。

十分頑張ったよ、私。

22歳という、アイドルとしては遅すぎる年齢でのスタート。

誰よりも下積みの期間が長くて、何度もあきらめそうになったけど、なんとかここまでやってきた。

もうここで潮時なんだろうと思いました。

置いてあった私物をまとめ、私はひとり静かに劇場をあとにしました。

――私を心配する声にハッとして

偶然ではありますが、もともとこの発表の翌日と翌々日、私は休みをもらっていました。亡くなった祖母のお通夜とお葬式に参列するためです。

今思えば本当に最悪な考えですが、**私はファンの皆さんへはもちろん、事務所にもメンバーにも告げず、このまま勝手に辞めてしまおうと思っていました。**

組閣発表翌日、ふとツイッターを見ました。

「猪狩が病んじゃうんじゃないか、心配」

「昇格できなくても絶対に辞めないで！」

「猪狩が心配だから昇格させてあげて！」

なんと、ほとんどが私を心配する声……。

応援というよりも「心配」する言葉ばかりが並んでいたのです。

それを見てハッと我に返りました。

「そんなふうにたくさんの人に思わせてしまった自分がいた」ということに初めて気付いたのです。

ファンの皆さんにそう思われていたということは、スタッフさんや候補生メンバー、仮面女子メンバーも、同じような気持ちにさせてしまっていたということ。

私、みんなに気を遣わせていたんだ……。


「いつからこんなふうになってしまったんだろう……」

私は自分自身について思い返していました。

――悲壮感いっぱいのアイドル

「どうせ私なんか……」

「私なんて年いってるし」

「これが最後のチャンス」

「今回ダメだったらもう終わりかも」


思い返せば当時の私は、こんな言葉ばかり口に出していました。

気付けば、**今にも消えそうな、悲壮感漂うアイドルになっていた**のです。

そんな状態では、ファンの皆さんに心配をかけてしまうのも当然です。

私がＳＮＳでネガティブな言葉をつぶやくたびに、ファンの皆さんは優しい言葉をかけてくれました。

私たち地下アイドルは、ファンの方との距離が非常に近いことが特徴のひとつです。私たちがＳＮＳで投稿した言葉は、そのままファンの方へのダイレクトメッセージとなり、ファンの方からリプライをもらい、それにまた私たちも反応したりして交流しています。

「大丈夫？」

「猪狩は悪くないよ」

「頑張れ、猪狩！」

こんな言葉をかけてもらうことで**悲劇のヒロインみたいに酔っている自分がいた**んだと思います。

そして、**その狭い世界で満足していた**のです。

年齢やスキル不足などを言い訳にし、この世界に入った理由を完全に見失っていました。

でもそうじゃない。

私の目指していたものは、こんなものじゃない。
私は**みんなに感動してもらいたくて、そして笑顔になってもらいたくて、キラキラ輝きたくてこの世界に入ったん**です。
その初心を思い出したとき**「もう一度頑張ってみよう」**と思える自分がいました。

もしこの2日間の休みがなかったら。

もし祖母のお葬式がなかったら。

私はアイドルを辞めていたと思います。

祖母が亡くなったのはすごくすごく悲しい出来事だったけれど、この時間をくれたことを、今でも本当に感謝しています。

「アイドルになりたい」と決意したのは、21歳のとき

「アイドルになりたい」

私がそう決意したのは、21歳のときでした。

アイドルを目指すには遅い年齢です。

もともと子どもの頃から可愛くてキラキラしたアイドルを見るのが大好きで、小学生

の頃はモーニング娘。の加護（亜依）ちゃんのファンでした。高校時代はＡＫＢ48が好きで、よくテレビで見ていました。

ただ、漠然と憧れはあったものの**「自分もアイドルになる！」と一歩踏み出す勇気はなく、純粋にアイドルを応援することを楽しんでいました。**

みんなに「ＡＫＢに入りなよ！」などとすすめられるような、**クラスのアイドル的な存在でもありませんでした。**

だから高校卒業後の進路は、４年制の管理栄養士の専門学校を選び、管理栄養士の資格をとりました。

子どもが好きだということや、数々の校外実習の中でも小学校での実習がいちばん楽しかったことから**「小学校の栄養士になりたい」**と思っていました。給食の献立をつくるのが夢でした。家族みんなが公務員だったので、公務員に憧れもありました。

小学校で働く栄養士になるためには、管理栄養士の資格を取得するだけでなく、自治体の職員採用試験にも合格しないといけません。

ところが**私は、この採用試験に不合格となってしまいました。**

とはいえ、管理栄養士として病院や企業などに就職するという選択肢もあったし、アルバイトなどをしながら翌年の採用試験で再起を期すという方法もありました。

でも、そこで**「私が本当にやりたいことって何だろう」**と考え込んでしまったのです。

そうしたら**不思議なことに「私、やっぱりアイドルをやってみたい」という思いが浮かんできたん**です。

それまではきっと、**アイドルを応援しながらも「自分もアイドルになりたい」という気持ちに蓋《ふた》をしていた**のだと思います。

就職活動につまずいたことで、その蓋が開いたのでした。


「やるなら年齢的に今しかない」

「今を逃したら一生できない！」

そう思うと**「絶対にやりたい！」「どうしてもやりたい！」**という気持ちが、どんどん高まってきてしまいました。

――「年齢制限オーバー」なアイドル

そこでネットでアイドルのオーディションを探してみました。

すると、どこも**「18歳まで」「20歳まで」といったように年齢制限がある**のです。「16

歳まで」というところもありました。

「21歳はさすがにダメかぁ……」

半ばあきらめかけたときに偶然、目に入ったのが**「26歳までOK」という奇跡の一文。**

それが、仮面女子を擁する事務所である「アリスプロジェクト」でした。

だから本当に仮面女子には失礼な話なのですが、最初から「仮面女子になりたい」「仮面女子に憧れて」というのではなく、**私の条件でも応募可能だったのがアリスプロジェクトしかなかった……というのが本当のところ**です。

――しぶしぶ（？）賛成してくれた両親

両親はもちろん驚いていました。

「管理栄養士の資格を取得して、小学校で働きたい」と言っていた娘が、急に「アイドルになる！」と言い出したわけですから。180度転換というぐらいの変貌です。

でも子どもの頃から、**両親は私に対して「ああしろ、こうしろ」と言うことは一切なくて、好きなことをやらせてくれる親**でした。

「勉強しなさい」と言われたこともありません。勉強はあまりできなかったけれど、それで怒られた記憶もありません。

だから私が急に「就職せずにアイドルの道に進む」と言い出しても、最終的には**「まあ、やりたいならやってみたら?」**という感じ。**「消極的賛成」**で、**大いに賛成というわけではないけど、反対はしない**という感じでした。

たぶん**「2年もすればあきらめて栄養士の道に進むだろう」**ぐらいに考えていたのだと思います。

──オーディションに合格できず……「見習い生」になる

こうして迎えたオーディション。

ところが、**私はこのオーディションに合格できませんでした。**

ただ、合格はしなかったけれど「見習い生」という制度があって、なんとかそれになることができました。

それも「将来の見込みがあるから是非!」という前向きな話ではなく、「やる気があるならどうぞ」と言われて、やっと滑り込んだ感じでした。

最初から私は「落ちこぼれ」だったんです。

当時、ステージも併設されたメイドカフェが秋葉原にあり、「見習い生」は希望すればそこで働くことができました。メイドの仕事をしながら、時々ステージに立つことができるのです。

そこである程度の実力をつけ、ファンを獲得することができたら、正式に事務所に所属できるシステムになっていました。

私もメイドカフェでアルバイトをしながら、慣れないながらもステージに立ち始め、**5カ月後にやっと正式に事務所に所属することができました。**

もちろん事務所に所属できたからといって、全員が仮面女子になれるわけではありません。厳しい世界なのはわかっていました。

でも、私にはほかに選択肢がなかった。

学校を卒業してしまい、就職も選ばなかった。

どんなに細くて頼りない道であろうと、私はそこに一歩踏み出すしかなかったのです。

「地下アイドル」とは?
――「地上アイドル(メジャーアイドル)」との違いは?

本書をお読みの方の中には、事故のニュースで私のことを知ってくださったものの、「仮面女子」や「地下アイドル」についてはよく知らないという人もいるのではないかと思います。

なのでここで簡単にですが、仮面女子・地下アイドルについて説明したいと思います。人によって若干定義は異なり、あくまで私の考えです。

まず**地下アイドルとは「ライブを中心に活動するアイドル」**のことです。**テレビなどのマスメディアに登場することはあまりなくて、ひたすらライブを重ねます。**

これに対してCDをメジャーレーベルで販売し、テレビ番組によく出ているようなアイドルを**「地上アイドル(メジャーアイドル)」**と呼びます。**AKB48さんや乃木坂46さん、ももいろクローバーZさんなどは、不動の「地上アイドル」**です。

地下アイドルはライブ活動を中心としますが、**ライブ終了後に握手会をしたりチェキ（撮影したその場で現像できるインスタントカメラ）を撮ったりと、ファンの方と密接に交流します。**

また**演じる側にとっても、その日の感謝を直接伝えることができたり、ファンの皆さんとお話ししたりできることは魅力的なこと**です。

このように**「ファンとインタラクティブな交流がある」ということが、「地下アイドルの地下アイドルたる最大の特徴」**と言えると思います。

「地下アイドル」という呼称のルーツは、最初の地下アイドルのライブハウスが地下にあったからだとか、多くのライブハウスが地下にあるからだともいわれます。

よく誤解されるのですが、別に地下室とかであやしい活動をしているわけではありません（笑）。最近ではそうした誤解を避けるということで**「ライブアイドル」「インディーズアイドル」**と呼ばれることもあります。

ただ私たち仮面女子は、自ら堂々と「地下アイドル」と名乗っていますし、**私自身も「地下アイドル」という言葉にはまったく抵抗はなく、むしろ誇りに思っています。**

最強の地下アイドル「仮面女子」とは？

そうした地下アイドルの中にあって**「仮面女子」は「最強地下アイドル」を自称していて、少々特異な存在**と言えると思います。

まず仮面女子を初めて見る人が驚くのは、私たちがステージでかぶっている**「ホッケーマスク＊＝仮面」**です。

これは、**個性を消すことで「ひとつのチーム」として見せるためのツール**です。

ちなみにステージでは、常に仮面をかぶっているわけではありません。外したり、つけたりしてパフォーマンスにメリハリをつけます。

またスチームガンやチェーンソーなどの武器を持つなど、**ほかのアイドルがやっていないようなパフォーマンスも売りのひとつ**です。

仮面女子の事務所（アリスプロジェクト）に所属しているのは、メジャーを目指したもののオーディションに落ちたり、挫折したり、あるいはレッスン料と称して多額のお金をとられたり（！！！）といった、**「訳あり」の子たちが少なくありません。**

＊ホッケーマスク　アイスホッケーの競技で使用するマスク。映画『13日の金曜日』のジェイソンのトレードマークでもある。

〈仮面女子の実績〉

シングル「元気種☆」がオリコン週間チャート1位獲得！

地下アイドルなのにさいたまスーパーアリーナでワンマンライブ！

海外メディアからの取材20カ国以上

年間ライブ本数は1000本を超え世界最多！

フェイスブックがアイドル業界最大「いいね！」数。現在251万「いいね！」突破！

そんな子たちが流れるように集まってきたのが、アリスプロジェクトです。

そういう意味では、**みんな「もうあとがない」という覚悟が決まっています。**

だから**プロ意識がすごい。**

努力も並大抵ではありません。「実力は、メジャーの人たちにも絶対に負けないものを備えている」という自負があります。

それが**「地下最強」を自称するゆえん**でもあります。

その結果、仮面女子はシングルのオリコン週間チャートで1位を獲得したり、「さいたまスーパーアリーナ」でワンマンライブを行うなど、地下アイドルの枠を超越した存在となっています。

また前に書いたように、秋葉原に「仮面女子CAFE」という専用の劇場を持っていることも仮面女子の大きな特徴です。

私たちはここで常時、ライブを行っています。興味のある方は是非、一度足を運んでみてください。

崖っぷちアイドルの誕生
——「1日でも早く昇格したい！　仮面女子になりたい！」

事務所に所属したといっても、最初からいきなりステージに立てるわけではありません。最初は「AJ（アリス嬢）」として、物販に参加したり、裏方の仕事をお手伝いしつつ、ダンスや歌のレッスンを受けます。

そうやって実力をつけていき、昇格試験に臨みます。

仮面女子には独自の「昇格制度」があると書きましたが、改めて説明すると、次のようになっています。

（見習い生↓）ユニット無所属（AJ）↓研究生↓候補生↓仮面女子

研究生になると**「スライムガールズ」**というユニットに所属し、ステージに立てるようになります。いわばデビューです。

候補生には**「OZ（オズ）」「ぱー研！」**、仮面女子には**「アリス十番」「スチームガールズ」「アーマーガールズ」「イースターガールズ**（大阪拠点）**」**の4つのユニットがあります。

年齢的にあとのない、崖っぷちでアイドルとしてのスタートを切った私ですから、**「1日でも早く昇格したい！　仮面女子になりたい！」**という思いでいっぱいでした。

――入りたての頃は、トントン拍子に昇格

前述したように、昇格するメンバーを発表することを**「組閣」**と呼びます。**組閣は仮面女子の一大イベントのひとつで、ステージ上でファンの皆さんを前に、大々的に発表されます。**

昇格に必要なことは、歌やダンスなどの実力はもちろんのこと、一定のファンがつい

ていることも外せない条件です。「デビューして活動しているうちにファンがつく」という仕組みではありません。

地下アイドルの使命として「自分で積極的にファンを獲得していかないとダメ」なのです。

では、どうしたらファンを獲得できるかというと、まずは**ファンの方とのコミュニケーションをしっかりとる**ことがとても大切です。**ファンの方の名前を覚えたり、前に会ったときの会話を覚えている**などです。

このファンの方とのコミュニケーションですが、とても上手な子もいれば、そうでもない子もいます。もちろんコミュニケーションが上手な子のほうが、ファンが多くつきます。

だから**この世界は「可愛ければOK」「歌やダンスの実力があればOK」というだけでもない**のです。

地下アイドルのファンには、

「応援しているアイドルが成長していくのを見守りたい」

「アイドルと一緒に自分も成長したい」

という独特の心理があるのだと思います。

だから、**あまり完成しすぎてしまった子よりも、未完成の子のほうがファンがつきやすい**という現象も生まれます。

私はそんな中でも、それほどアイドルとしてスキルが高いわけでも、ファンの方とのコミュニケーションが特に上手なわけでもなかったのですが、ユニット無所属（アリス嬢）から、研究生（スライムガールズ）、候補生（ＯＺ）へと、**わりとトントン拍子に昇格できました**。

事務所に入ったのが22歳の年の5月で、ＯＺに昇格できたのが7月末。この間、**わずか3カ月足らず**でした。

――すべては仮面女子になるために！

候補生（ＯＺ）になったら、もう仮面女子は目の前。

前述のように、私は特に仮面女子に憧れて入ったわけではなかったけれど、入ったからにはもう**「仮面女子になりたい！」**という気持ちが日に日に強くなっていきました。

やはり仮面女子はステージの華だし、メディア露出、活動の幅も段違いに広くなります。

仮面女子になってこそ、自分のストーリーが完結すると信じていました。

夢中でステージをこなし、レッスンを受け、ＳＮＳの更新やファンの方との交流も、私なりに工夫したりして活動していました。

当時はほぼ毎日ステージがあったので、自宅と秋葉原を往復するだけの生活。**毎日ほとんど終電**でした。終電を逃してしまう日もありました。

最寄り駅から自宅までは歩けない距離ではないのですが、どんなに遅い時間になっても、両親のどちらかがほぼ毎日、車で迎えに来てくれていました。

すべては「仮面女子になるため」「仮面女子としてステージに立ちたい」という一心からでした。

仮面女子は地下アイドルの中でも特異な存在と言いましたが、**本当にアイドルとしてのパフォーマンスが一段突き抜けていて、カッコいいし、めちゃめちゃ輝いています。**

同じ事務所の、年齢も近く、同じステージに立つメンバーではあるけれど、やっぱり私にとっては見上げるべき憧れの存在です。

「1日も早く仮面女子としてステージに立ちたい！」

ブレることのない目標に向かって、ひたすらまっすぐ突き進む毎日。

同年代の女の子のように、友達と遊びに行ったり恋愛したりという時間は全然なかったけれど、**夢に向かって打ち込む日々は、とても充実していて楽しいものでした。**

——初めての挫折、メンタルの崩壊、そして2カ月間の休業へ……

ところが、ここからが試練の幕開けでした。

候補生（ＯＺ）になって最初の組閣では、当時7人のメンバーから4人が仮面女子に上がり、私を含めた3人は昇格できずに残りました。

ＯＺは新たにメンバーを加えて再編されたのですが、私はそこで**新たなリーダーに指名されたのです。**これが私にとって、とてもつらいことでした。

まず「仮面女子になれなかった」ということが大きなショックでした。

それまでがトントン拍子でしたから、仮面女子にもすぐになれるような気がしていたのです。

それに加え、当時のＯＺのメンバーはとても仲が良く、毎日楽しく過ごしていた彼女たちと一緒に行動できなくなった。それは私にとっては、とても寂しいことでした。

さらに「候補生（OZ）の新リーダー」という重責。

私は家では3人きょうだいの末っ子だし、もともとあまりリーダーに向くタイプではありませんでした。


そんなことが重なって……。**私のメンタルはおかしくなってしまいました。**


眠れない夜が続き、常にハイテンションで、ずっと誰かに何か喋っていないと落ち着かない。家族にも小さなことで突っかかってしまったり……。

ファンの皆さんにも、様子がおかしいと気付かれていたようです。

あとから聞いたのは、ファンの方と接するときも、突然ゲラゲラ笑い出したり、会話がチグハグだったり……、挙動不審だったみたいです。


そしてついに事務所から**「猪狩、ちょっと休んで」**と言われてしまいました。

自分でも精神状態が尋常でないことはわかっていました。

とても悔しくて残念だったけど、結果として**2カ月間の休業を余儀なくされました。**

――心療内科を受診したら……

休業してまず、事務所や家族にすすめられて、心療内科を受診しました。
そこで**「双極性障害」**と診断が下りました。

双極性障害とは、いわゆる**「躁うつ病」**です。

気分が上がるハイテンションの状態と、憂鬱で何もしたくなくなる状態を繰り返す病気です。私の場合はハイ状態が強く、たまに下がって、また上がるという状態でした。

ハイ状態というと「気分が上がってゴキゲンな状態」と思われるかもしれませんが、それを通り越して**「高揚しすぎ」な状態**になってしまっていて、時にはそれがちょっと攻撃的になってしまうこともあり、やはり普通の状態ではないわけです。


休んでいる間は部屋の掃除をしたり、愛犬のリキと遊んだり……。家族とたくさん話したり。ゆったり過ごすことを心がけるうちに、回復していくのを実感しました。

心の病というと、薬の副作用だとか、症状を繰り返すとかいろいろあるようですが、**私の場合は短期間で回復することができて、現在まで再発したことはありません。**

最初、心療内科を受診することには抵抗がありましたが、通ったことでしっかりと治すことができて本当によかったたと思っています。

医師に「休養が必要」と言われた帰りの車で、私は「2カ月も休むなんて嫌だ！」と泣きじゃくってしまいましたが、このとき父に言われた、

「たとえば、骨折している脚で走り続けたら、脚は治らないでしょ？　この先もアイドル活動を続けたいなら、必要な期間なんだよ」

という言葉を、今なら理解することができます。**心療内科を受診することも、心の病で休むことも、何も恥ずかしいことではない**のです。

このことは書くかどうか迷いましたが、**この本で初めて公表することにしました。**

――「私だけ取り残される……」焦りの日々

2カ月間の休養を経て、ステージに復帰することになりました。

ファンの皆さんは驚いたみたいです。

というのは、今までこういう事情で休業した子も少なからずいたのですが、**そうした**

ケースでは必ずといっていいほど、そのまま辞めていってしまったからです。

だからみんなに**「猪狩も戻ってこないんじゃないか」「もうダメなんじゃないか」**と思われたようです。通院のことや病名など詳しいことは公表していなかったけれど、みんな私の状態のことはわかっていて、心配してくれていたのです。

このことに限らず、**私はいつもファンの皆さんには心配をかけっぱなしで本当に申し訳なく思います。**

復帰当初は、最初から毎日劇場公演に参加する「完全復帰」ではなく、週1日、週2日……というように少しずつ劇場公演に参加していくことになりました。

そんな中、仮面女子候補生から仮面女子への次の組閣が行われました。

組閣の日程は決まっているわけではなくて、候補生の仕上がり具合や、ライブなどのスケジュールによって決まります。

この、**自身2度目の組閣でも、名前を呼ばれることはありませんでした。**

休業して復帰した直後であったことや、劇場にも毎日参加できていなかったことから「今回もダメだろう」というのは自分でもわかっていました。

でもやっぱり、心のどこかで「もしかしたら……」と思ってしまうのです。

このときプロデューサーから言われたことは、

「今は昇格ではなくて完全復帰を目指そう」

ということでした。

心療内科の医師からは、まだ完全復帰は早いと言われていましたが、組閣で味わった悔しい気持ちをパワーに変えて、半ば強引に完全復帰することに決めました。


まだ通院していて、つらいこともあったけど、頑張って毎日劇場に通いました。

ハイ状態を抑える薬の効果で、逆にやる気を出すのが難しくなった時期もありました。

でも、とにもかくにもステージに立たなければ、仮面女子への道は閉ざされてしまう。

閉まりかけの扉を無理にでもこじ開けるべく、毎日必死でした。

ステージに立ち続けることは**「猪狩はやれる」「組閣に出ます！」という、私の精一杯のプレゼンテーションでもあった**のです。

3回目の組閣で味わった絶望

こうした**紆余曲折の末に迎えたのが3回目の組閣。**
私はそれに敗れてしまったのです。

それが、この章の冒頭（22ページ）のシーンです……。

心の病気から立ち直って、毎日ステージに立ち続けた。

「なのに、なんでダメなの？」

「こんなに頑張ったのに、なぜ認めてくれないの？」

悔しくて悔しくてたまりませんでした。

かなり落ち込みましたが、やっぱり心の病を経験したという理由があるわけだし、時間をさかのぼることもできません。

「薬（向精神薬）を飲んでいるメンバーを仮面女子にあげることは難しい」

プロデューサーはそう話してくれました。

休業中のような症状はなかったものの、このときはまだ通院を続けていましたが、**これを機に、薬を飲むことも通院も絶つことになりました。**

4回目の組閣に向けて、また日々頑張るしかない。

いったん気持ちが整理できると、不思議なことに、**自分でもビックリするぐらい元気が出て前を向くことができました。**

気付けばこの世界に入って3年目。

私は24歳になっていました。

――4回目のチャレンジで、ついに仮面女子に昇格！

それから半年ほど経った、２０１７年1月9日。

候補生になって4度目のチャレンジ。

そこで私は**ついに念願の仮面女子（スチームガールズ）に昇格することができました。**


心から嬉しかったけれど、このときの組閣はもう最初から落ちる気がしませんでした。

仮面女子のダンスも自分の中では完璧に覚えたし、やれることは全部やった。

ネガティブ発言も一切しなくなったし、ひとまわり成長した自分を感じていました。

「万が一、落ちたとしても悔いはない」

それくらい、自分の中では「やりきった感」がありました。

とはいえ名前が呼ばれたときは嬉しくて、もう腰が抜けてしまって、しゃがみこんでしまいました。

「あきらめなくてよかった……」

心の底から思いました。

オーディションに合格できず、**候補生になってから仮面女子になるまで実に3年間。下積み期間では当時、私が最長記録**でした。

アイドルは少なからず年齢に左右される職業です。みんなもっと早く昇格するか、辞めていってしまうか、どちらかです。

自分よりあとに入った子が先に昇格していく姿をいっぱい見てきたし、辞めていく子を何度も見送りました。

休業から復帰したときもそうでしたが、私はあきらめが悪いというか、意外としぶとい性格みたいです。

オーディションに落ち、見習い生からスタートして、仮面女子になったケースも、私が初めてとのことでした。

いわば私は**「落ちこぼれ中の落ちこぼれ」「筋金入りの落ちこぼれ」だった**のです。

そんな落ちこぼれアイドルだった私が、腐らずに活動してきた結果、夢をつかむことができた。

私の大好きな野球にたとえれば、9回裏フルカウントからの逆転ホームラン！！！！をかっとばした気分でした。

仮面女子として活動するキラキラな日々！
――「みんなの希望の光になりたい」

仮面女子（スチームガールズ）として活動する日々が始まりました。

毎日のように秋葉原のステージに立つこと自体は変わりませんが、それ以外の活動の範囲がグッと広がりました。

「仮面女子ＣＡＦＥ」以外のライブに出演したり、地方遠征、テレビや雑誌などの取材も受けるようになりました。

そして!!　なんといっても！！！　**埼玉西武ライオンズ（野球）関係の仕事を頂けるようになったことも、私にとって大きな喜び**でした。

私は埼玉出身ということもあって、**子どもの頃から大のライオンズファン**です。

子どもの頃から母に手を引かれて西武球場（現メットライフドーム）に応援に通っていたし、もちろんテレビもできる限り観戦。自分で独自の「野球ノート」をつくって、選手の特徴や試合の成績をメモしたりもしていました。

だからアイドルになったときも**「野球関係のお仕事をしたい！」**というのは夢のひとつでした。

念願が叶って野球関係のテレビ番組に呼んで頂けたり、取材を受けることが増えました。候補生の頃はこういう仕事はできなかったので、これは本当に嬉しかったです。

そしてなんといっても、**私の芸能人生の中でいちばんのビッグイベント（！）、メットライフドームでの始球式**もさせて頂きました。これはもう**子どもの頃からの夢が叶った瞬間で、天にも昇る思い**でした。

このときインタビューを受けて、こんなことを話しています。

「ひとつの夢を実現させることができました。あきらめないことの大切さ、私が夢を追う姿を、これからもひとりでも多くの人に見てもらい、たくさん感動と勇気を届けたいです」

「みんなの希望の光になりたいです」

このとき自分の言葉は、**のちに私自身を支える言葉**となってくれました。


「この先もずっとステージに立ち続け、歌って、踊ることができる」

――そう信じて、あの日、風が強く吹く中、いつものようにステージに向かって歩いた

私にとって「アイドルとは何か」「仮面女子とは何か」と考えると……。

ステージに立ってみんなに応援してもらえることは、自分の存在を認めてもらえることであり、もちろんそれ自体は大きな喜びです。

でもそれ以上に私は、**笑顔や元気を届けて、人の役に立つことによって、自分の存在意義を感じることができる人間**です。

みんなが笑顔になってくれる、勇気を持ってくれる、そういうことが私の生きる力。

だから**いつも私が元気で、笑顔でいないといけない。**

仮面女子になってからは、それをより強く意識するようになりました。

候補生時代もステージに立つのは楽しかったのですが、やはりどこかで「昇格しなきゃ」という焦りが常にあり、それで結果的にメンタルもやられてしまいました。

でも昇格したことで、今までの呪縛が解かれたように、すべての迷いがなくなり、私は本来の自分の姿を取り戻し、のびのびと活動することができていました。

メンバー同士もすごく仲が良かったし、**本当にすべてが夢のように順調**でした。


ただひとつだけ悩みがあるとしたら、将来のこと。すでに25歳になっていたから、

「あと何年この仕事ができるだろう」という漠然とした不安はありました。


でも、**続けられる限りはアイドルを続けよう……**。

そんな気持ちで、**今を大切に、毎日を大事に、仮面女子の活動を続けていました。**


「この先もずっとステージに立ち続け、歌って、踊ることができる」

心から信じて、疑いもしませんでした。


そうやって迎えた、２０１８年４月11日。

あの日、風が強く吹く中で。

私はいつものように、ステージに向かって歩いていました。

第 I 部

Chapter2

緊急手術、意識が戻って

入院の日々

Story of Tomoka Igari

——立てなかったステージ、6時間に及んだ緊急手術

意識が戻り、目覚めたのはベッドの上でした。

最初の病院から1時間ほどの距離にある大学病院に搬送され「緊急手術をします」と言われたことまではなんとなく覚えていますが、そのあたりから記憶があいまい。

緊急手術は6時間にも及び、終わったのは深夜2時頃だったそうです。


夜中、手術直後にぼんやりと意識が戻ったときは、うつぶせの状態でした。

またすぐに眠りにつき、次に気付いたのは朝の6時頃。

「起きた？」と看護師さんが声をかけてくれましたが、話すことができません。のどに管が通っていて、声が出せなかったのです。そしたら看護師さんがホワイトボードとペンを持ってきてくれて、それを使って筆談をしました。


父と母は、手術が終わって私の顔を見たところで帰ったそうです。

とても疲れた様子で、泣いていたことなどを聞きました。

親を泣かせるなんて……。申し訳ない気持ちで押しつぶされそうでした。

仕事のことも聞いたけど、看護師さんにはもちろんわからないとのこと。

「出演するはずだった大阪での収録、代わりに誰か行ってくれたのだろうか……」

「結局、整体もレッスンも欠席してしまったし、振り入れにも参加できなかった……」

仕事のこと、家族のことが心配でたまりませんでした。

でも知らぬ間に、また眠りの世界に引きずり込まれていきました。

「脚はいつ戻りますか？」
――「脊髄損傷」と宣告されて

再び目覚めて、しばらくすると、主治医の先生からケガの詳しい説明がありました。

- **眼瞼裂傷**→顔は軽いケガでしたが、瞼を少し縫いました
- **頭部挫創**→大ケガではなかったけれど頭も打っていました
- **骨折**（脚、肋骨、胸椎、腰椎の4カ所）

そして、このときに、

- **脊髄損傷**

ということも言われました。ただ、詳しい説明はなくて**「脊髄を損傷しているから、今は脚の感覚がなくなっています」**という話でした。

私自身、脊髄損傷という言葉は「どこかで聞いたかな？」みたいな感じで、きちんとした意味がわかっていませんでした。

「脚はいつ戻りますか？」

素直な気持ちで先生に聞きました。

「人によって個人差があるからなんとも言えないけど、リハビリを続けていれば感覚が戻る可能性もあるから」

この段階で真実を告げるには時期尚早だし、だからといってうそをつくわけにもいかない。おそらく先生は、できる精一杯の説明をしてくださったのだと思います。

でも**私はまさか「一生歩けない身体になってしまった」なんて夢にも思っていなくて、「だったら遅くとも3カ月ぐらいかな？」と軽く考えていました。**

あまり深刻には受け止めていなかったのは、手（上半身）が今まで通り普通に動いていたこともあったからだと思います。

駆けつけた家族
――初めて見た父の泣き顔

家族の顔が見られたのは、午後になってからでした。ＩＣＵ（集中治療室）病棟に入院していたので、面会の時間が決まっていて１回目は父、母、兄が来てくれました。**父は泣いていました……。初めて父の泣き顔を見た気がします。**

大阪での収録は、メンバーの楠木まゆちゃんが急きょ行ってくれたと聞いて一安心。事務所のスタッフさんもメンバーも、私の事故のことを聞いて、とても心配してくれていると知りました。

面会は３人までしか入れないということで、２回目は兄と交代して、姉、父、母が来てくれました。

「山P[*1]みたいなドクターいた？（笑）」

姉にはこう聞かれました。当時、人気ドラマ『コード・ブルー』[*2]のサードシーズンが放映されたあとで、とても注目されていた頃でした。

ほかにもライオンズの話など雑談をしました。姉も、私の状態のことは知っていたは

＊1　山P　山下智久。ジャニーズの人気タレント。
＊2　『コード・ブルー』　フジテレビ系ドラマ。救命救急センターでフライトドクターとして働く若き医師や看護師たちの奮闘を描いたドラマ。山下智久主演。

ずでしたが、あえて明るく、普段通りの接し方をしてくれたのだと思います。

ちなみに一応、**看護師さんに「山P似の先生とか、いませんか？」と聞いてみたのですが、「いませんね……」と即答**されてしまいました（笑）。

――痛みと戦う術後の地獄

術後は痛みとの戦いでした。4カ所も骨折していたし、手術の傷跡もあるし、**何をするにも「痛い！　痛い！」ばかり言っていました。**

痛み止めは処方されていましたが、それでも痛くてたまらないのです。

自分では寝返りが打てないので、褥瘡《じょくそう》ができないように、時々看護師さんに身体の向きを変えてもらうのですが、このときがもう痛くて痛くて……。少し身体を動かすだけでも傷口が痛み、一苦労でした。

痛みに効く最大の薬は「時間」だったので、とにかく待つしかありませんでした。

痛みと同じぐらいつらかったのが**「気持ちが悪くなること」**。

強い痛み止めの点滴を打たれていたため、その副作用でした。痛み止めを打ってもらわないと痛い、でも痛み止めを打つと気持ち悪い……。これが本当につらかったです。

普通にしていても、急に気持ちが悪くなってしまうこともありました。

——食事が、とりわけつらい時間に

それと大変なのが食事。**食べると気持ちが悪くなってしまう**のです。

さらには食べるために上体を起こすのですが、**同じ姿勢を続けていると、それでまた気持ちが悪くなってしまいます。**食事という行為は「座る×食べる」という、私にとって気持ち悪くなる要素が2つ掛け合わさる作業でした。

「食べないと元気にならない」と頑張って食べようと思うのですが、最初のうちはほとんど食事がとれず、吐き気もあって、何度もリバース……。

あんなにも食べることが大好きだったのに……。

食事がとりわけ、つらい時間になってしまいました。

その後、痛みは傷が回復するにつれ、軽減していったのですが、この**気持ち悪くなったり、吐き気がするというのは、退院後も長く続きました。**

のちに何度も検査しましたが、原因は不明。どうやら、ケガによる弊害のようでした。

下半身が動かないこと、寝ている時間が増えたことで、血行が悪くなっていることが大きいようです。また食後は消化のために身体の機能がもっていかれるから、その分、気持ち悪くなってしまうという説明でした。

貧血もあり、「もう少しで輸血が必要なレベル」と言われ、薬が処方されました。**このときの私は、まさに満身創痍の状態**でした。

――「私を支えよう」としてくれる家族のパワー

そんな毎日で実感したのは**「私を支えよう」としてくれる家族のパワーがすごい**こと。

父、母をはじめ、兄、姉も入れ代わり立ち代わり、毎日お見舞いに来てくれました。みんな私の深刻な状況を知っているはずなのに、**私の前ではいつも明るく、スーパーポジティブな言葉をかけ続けてくれました。**

父は姉に**「これからはともちゃんの専属マネージャーになって、送迎やスケジュール管理をする」**と言っていたそうです。

大げさだなと思いましたが、本当にありがたい気持ちでいっぱいでした。

――ファンの皆さんの応援に涙

事故をニュースで知ったファンの皆さんも、いち早く行動を起こしてくれました。情報のない中でみんなで集まり、応援のための横断幕や千羽鶴をつくってくれたのです。千羽鶴は早くも事故4日目に、事務所から親へ、そして私のもとに届けられました。

それを見て**涙がこぼれ「頑張らなくては」と強く励まされました。**

この日、事故後、初めてきちんと食事をとることができました。といっても4分の1ぐらいでしたが、それ以外にも家族が持ってきてくれたパイナップルとイチゴも食べることができました。

「応援の力ってすごい……」と改めて感じました。

ファンの皆さんの集合写真をベッド横のテレビの上に飾って、それを見ていつも励みにしていました。

――「#いがともちゃんがんばれ」

事故直後から、ツイッターに**「#いがともちゃんがんばれ」**のハッシュタグが立ち上がり、みんなが私に対する応援メッセージを投稿してくれていたことも知りました。

事故後、やっとスマホを持つことができたのは入院5日目のこと。

「ファンのみんなは、突然の事故のニュースに驚いているんじゃないかな……」

私の事故がニュースになっていたことは聞いていたけれど、自分のことでいっぱいいっぱいで、それどころではありませんでした。

それまでほぼ毎日更新していたブログも急に止まってしまい、何の情報も出していませんでした。恐る恐るツイートを覗いてみました。

すると、

「戻ってくることを信じているよ！」

「いがともちゃんの笑顔が見たい！」

「いつまでも待っているから」

「あー、このステージに猪狩がいたらなぁ」

「猪狩ともかさんのケガが早く治りますように」

なんとそこには私を応援する声があふれていたのです。

時にはライオンズの試合の結果や出場した選手の情報を教えてくれた人もいたり、私の回復を神社に祈願に行ってくれた人もいました。

「私、なんて恵まれているんだろう」

「幸せ者だな」

そんな思いがこみ上げてきました。

第 I 部

Chapter3

リハビリ開始、そして車椅子デビュー

世間に発表した日

Story of Tomoka Igari

――入院翌日からリハビリ開始！

入院翌日からリハビリが始まりました。

「これだけの大ケガをして、翌日からリハビリ？」と驚かれるかもしれませんが、リハビリといっても、最初はベッドに寝た状態のまま脚のストレッチをしてもらったり、ハンドグリッパーで握力を鍛えたりといった程度。身体を大きく動かすものではありませんでした。

その後、ＨＣＵ（高度治療室）に移り、しばらくはベッド上でリハビリをしていましたが、入院から約２週間後にリハビリ室でのリハビリが始まりました。

――今まで普通にできたことが、とんでもなく困難なことに……

リハビリ室での初めてのメニューは**「長座位」**でした。

長座位とは、**脚を伸ばして座ること**です。

リハビリはリハビリ台の上で行うのですが、最初は自力でリハビリ台まで移ることすらできませんでした。トランスファーボードというものを使い、手伝ってもらいながら、そこにお尻を滑らすように移動しました。

今までなら、なんということもない動きが、**脚が動かないというだけでビックリするほど難しい**のです。**時間もかかります。**それからストレッチや筋トレと並行して、

- **寝返りの練習**
- **起き上がる練習**
- **手で脚を持ち上げる練習**
- **端座位（椅子やベッドの端に腰を下ろして座る）の練習**
- **車椅子からリハビリ台への移乗**

なども一つひとつ練習していきました。

これらも普通だったらなんということもない動きなのですが、**下半身が動かない状況においては、とんでもなく大変な作業になってしまう**のです。

今まで気付かなかったけれど、**「起き上がる」という行動ひとつとっても、下半身を使っていた**ことを改めて実感しました。

力任せや我流にやってもダメで、きちんとしたやり方、コツがあります。**最初は「こんなことできるわけがない！」と思ったことも、練習を重ねるうちにできるようになっていきました。**

余談ですが、「リハ」といえば、以前の私にとっては「リハーサル」でした。それが「リハ」といえば「リハビリ」になってしまったのです。

——「痛い痛い星人」から、ケガの回復を実感する日々へ！

リハビリの進展とともに、身体が回復していくのを日々実感していきました。

ICU（集中治療室）にいた頃は、身体の向きを変えることすら痛みに耐えきれず、**何をしても痛がる「痛い痛い星人」でしかなかった私。**

主治医の先生は「だんだん傷口が閉じていって、痛みはなくなるからね」と言ってくださいましたが、私は「そんなの気休めでしょ……」としか思えませんでした。

だってあまりにも痛くて、永遠に回復する気がしなかったから……。

でも、**本当に徐々にではあるけれど、痛みがなくなっていきました。**

骨折した肋骨は、最初は笑うだけでも痛かったけど、しばらくするとクシャミをしても平気に。腰の痛みはしばらく残りましたが、これも徐々に消えていきました。

身体の回復力ってすごいんだなと、我ながら驚きました。

「明けない夜はない」

それを実感した瞬間でした。

「車椅子デビュー」は入院して6日目
――「小さな成功体験」を積み重ねる

「車椅子デビュー」は入院して6日目のことでした。

主治医からは、入院直後から**「早く車椅子に乗れるようになるといいね！」**と言われていたのですが、そのときは車椅子に乗る以前に、ベッド上で上体を起こすことさえ不可能でした。

初の車椅子には、4人がかりでベッドから移乗させてもらいました。

自分で動いたわけではないのに、この時点で汗びっしょり。入院後、初めて垂れるほどの汗をかきました。

車椅子に乗って入院後初めて、ベッド以外の場所へ行きました。

ちょっと嬉しかったけれど、ほんの10秒くらいでまたベッドへ……。腰の傷口が痛く、それ以上無理でした。

第一、**車椅子に乗ったまま上半身をしっかり保つことが難しい状態**でした。

でも、その翌日にまた挑戦して、自分でも車椅子をこぐことができたんです！　やっぱりたくさん汗をかいてしまいましたが。

そこから毎日乗る練習を始めました。

最初のうちはもちろん痛みもあるし、乗ってすぐにクラクラしてきたり、気持ちが悪くなってしまい、なかなか長時間乗ることができませんでした。

体調が戻るとともに、少しずつ乗っている時間を更新。車椅子への移乗も、最初は4人がかりで運んでもらっていたのが、3人になり、2人になり、最後は自分ひとりでできるように。

こうした**「小さな成功体験」を重ねることで「私にもできる!」「車椅子でもちゃんとやっていける」という自信につながっていきました。**

その意味では、**リハビリは「車椅子生活のスキルの獲得」ということ以上に、私にとって非常に意義のあるもの**でした。


ところで、車椅子に種類があるのはご存じですか?

術後すぐに乗っていたのは背もたれのついたリクライニング式でした。これは背もたれがあるから安心だし、座位の姿勢を長く続けることができないときに助かります。

ほとんどのリクライニング式の車椅子は小さな車輪のついた介助用で、自走することができないのですが、私が乗っていた車椅子は自走することもできました。

価格が高いらしく**「車椅子界のベンツ」**と呼ばれていました（笑）。

次に乗ったのは普通車です。

最初は病院やショッピングモールで貸し出しているタイプの車椅子に乗っていましたが、スポーツタイプの車椅子に変わっていきました。

今、普段は自走式のスポーツタイプを使っているほか、ステージでは競技用の車椅子を使っています。

世間に向けて発表した日

突然の事故、緊急手術、ICUからHCU、そして一般病棟へと、少しずつ回復。リハビリも順調に進み、車椅子生活にも少しずつ慣れてきました。その過程で私は自分が置かれた状況を少しずつ理解し、精神的にも落ち着きを取り戻しつつありました。

世間に、私のケガのことを発表する時期が近づいてきました。

私のことはニュースや新聞で報道されていたし、ファンの皆さんをはじめとする多くの人に心配をかけ続けている状況下で、いつまでも沈黙というわけにはいきません。それまでほぼ毎日更新していたブログは、事故の前日を境に止まったままでした。

事務所からは**「発表の時期は気持ちが十分に落ち着いたときに、自分のタイミングで」**と言われていたのですが、事故から1カ月近くが経過し、「もうそろそろ大丈夫」と思えるようになってきました。

発表は私のブログで行い、同時に事務所からも発信してもらうことになりました。

文章は何度も何度も校正し直しました。

5月7日。

この日はメンバーが面会に来てくれた日でした。みんなで写真を撮り合ったり、リハビリの様子も見学してくれて、楽しいひと時を過ごしました。

たくさんお喋りして、自分が心身ともに元気になっていくのがわかりました。

そして午後の12時半に、世間に向けて発表。

「みんなにどう反応されるんだろう」

「ショックを与えてしまうんじゃないか」

正直、不安でいっぱいでした。

崖から海に飛び込むような、精一杯の勇気をふりしぼり、ブログの「投稿」ボタンを押しました。

大切な皆さまへ

2018-05-07 12:29:00

お久しぶりです。

仮面女子の猪狩ともかです。


この度は沢山の方々にご心配をお掛けしてしまい、大変申し訳ありません。

私は4月11日（水）に強風で倒れた看板の下敷きになってしまうという事故に遭いました。


その日は強風でした。ニュースになるくらい日本の各地でとても強い風が吹いていたそうです。

私はいつものように歩道を歩いていました。

突然強い風が吹き、建物の大きな看板が倒れてくるのがわかりました。

看板があまりに大きすぎてとっさに避けることはできませんでした。


気付けば看板の下敷きになっていました。

出せる精一杯の声を振り絞って「助けて…！」と口にしました。

その時はとにかく苦しく、早く楽になりたいという思いでした。


それからすぐのことだったと思います。

通行人の方が看板を持ち上げてくだ

さって、救急車に運ばれました。

後から聞いたお話では、看板は建物の敷地を飛び越え歩道全体に覆いかぶさっていた状況だったそうです。

それから緊急手術を受け、ＩＣＵ（集中治療室）に入院しました。

その後、ＨＣＵ（高度治療室）を経て現在は一般病棟に入院中です。

主に負った怪我は、

・瞼裂傷
・頭部挫創
・骨折（脚、肋骨、胸椎、腰椎）

そして、

・脊髄損傷

その影響で両下肢麻痺。

私は歩くことはもちろん、自分の力で脚を動かすことすらできなくなってしまいました。

治る可能性は極めて低く、今後、車椅子での生活を余儀なくされました。

体調・怪我は徐々に良くなり、今は自立した車椅子生活を送れるよう毎日リハビリに励んでいます。

退院は今から約３ヶ月後の予定です。

ずっと心配してくださっている皆さんにまずは早く「私、大丈夫だよ！」って言いたくてもどかしい日々が続きました。

でも私自身、状況を把握・受け入れるのに相当な時間が掛かりました。

なんて伝えたらいいんだろう？

私も時間をかけて受け入れたのに、いきなり「脊髄損傷」という事実を文字にして伝えたとき、応援してくださっている皆さんに更に悲しい思いをさせてしまうんじゃないか……。

自分自身が受け入れることに時間がかかったこと、ファンの皆さんに何とお伝えしたらいいか分からなかったこと、そんなことを考えていると、なかなか文章にまとめることができず、ご報告が遅くなってしまいました。

ごめんなさい。

きっと私自身、これから両下肢麻痺と付き合っていく生活について、知らないことがまだ沢山あると思います。

主治医から私への説明は、

「脚の感覚が戻るのには個人差があるので何とも言えません。とにかくリハビリを頑張ってね」

とのことでした。

脊髄損傷について無知な私は、

「数ヶ月で治るのかな？」

「復帰のステージは笑顔でファンの皆さんに会いたい！」

「また始球式をやらせて頂ける機会があったら次こそノーバウンドで！」

なんて、ベッドの上で考えていました。

私には「脚が動かない」という未来が見えていなかったんです。

手術から数日後、父と姉と話しました。

姉「治ったら一緒にメットライフドーム行こうね！」

父「お父さんは甲子園も一緒に行きたいな」

私「また始球式があるとしたらそれまでに治るかな⁉」

父「車椅子でも投げられるんじゃないかな？」

私「えー、嫌だよ。治して投げる！」

父「……まぁ今はリハビリを頑張ろう」

精神科医とも色々お話をしました。

突然脊髄損傷で脚が動かなくなった患者に対しては、主治医と共に精神科医もつくそうです。

　きっと家族や事務所、病院の先生方は私がショックを受けないように細心の注意を払ってくれていたと思います。

　周りの反応や発言でだんだんと自分が思っているのと違うと感じたのは、HCUに移ってからのことでした。

　その日は母と兄が面会時に来ていました。

　本当のことを知ったら私は深くショックを受けるかもしれない。

　でも覚悟を決めて質問をしました。

私「脚は治らない可能性の方が高いの?」

母「……うん」

私「私に隠してた?」

兄「今はまず生きていく為に体調を戻さないとだから」

私「そっか」

母「でも先生はリハビリを頑張れば奇跡的に脚が動くこともあるって言ってたよ。それを信じて頑張ろう」

　私は歌も踊りも特別上手くはないけど、ステージに立ってライブをして楽しんでくださる皆さんの笑顔を見ると、またそれで自分が笑顔になって……。

　ファンの皆さんのおかげで〝アイド

ルの猪狩ともか〟でいることができる。

そんな時間が大好きです。

だからもちろん「ステージ復帰」を目指していました。

でもこの事実を知って……

「歌って踊らなくなる時＝卒業」としか考えたことがなかった私は、踊れない猪狩ともかを想像することができなくて。

そんな状態の私に需要はあるのか。

いったい何ができるのか。

絶望しました。
事故に遭うまでこの先ずっと普通に歩けると思っていたし、踊れると思っていました。
急に脚が自由に動かせない、自分のものじゃなくなったような感覚になると思ってもいませんでした。
でも不思議と
「仮面女子としての活動を辞める」という考えに至ったことは一度もありませんでした。
今後どうしたいか考えたときに
〝車椅子の猪狩ともか〟としての活動を自然と想像している自分がいまし

た。

そう思わせてくれたのは支えてくれる周りの全ての人でした。

「車椅子に乗っていたって人を幸せにしたり喜ばせたり、誰かの希望になることは出来るよ」

「ともちゃんは人を楽しませる、幸せにすることのできる子だから、どんな形であってもそれを続けてくれたら嬉しい」

という家族の言葉。

「車椅子に乗って色んな場所行こうね！　いっぱい遊ぼう！　おばあちゃんになっても!!」

という友達からの言葉。

「その明るさで周りのリハビリ頑張っている皆さんのことも明るくしてください。みんなの光になってください」

という先生の言葉。

「スタッフ全員、猪狩ともかと共にずっと活動していくって気持ちでいるよ。猪狩のやりたいことを叶えたいから何でも言ってね」

という事務所からの言葉。

「どれだけ時間がかかっても待ってるから。いつでも戻ってこれるようにライブ盛り上げてステージ守るからね！」

というメンバーからの言葉。

そしてファンの皆さん。

劇場で黄色サイリウムや横断幕を掲げてくれて、回復祈願をしてくれたこと。

心を込めて千羽鶴（1209羽）を折ってくれたこと。

皆さんが一羽一羽心を込めて折ってくださったのと同じように、私もベッドの上で一羽一羽数えました。

「#いがともちゃんがんばれ」

という応援ツイートも見れる限り読ませて頂きました。

きっとハッシュタグがついていなくても心配や応援してくださる声が、たくさんあったと思います。

お手紙もたくさん受け取りました。

皆さんの温かさに何度も救われました。

夜にひとりで不安になったとき、皆さんの言葉が本当に救いでした。

皆さんの気持ちは確実に私に届いています。

心からありがとうございます。

私が大切な節目によく言う言葉、

「皆さんの希望の光になりたい」

こうなってしまった今もこの気持ちは変わりません。

脚が動かなくなっても、車椅子に乗りながらやりたいことはたくさんあります。

仮面女子の曲を作詞したいです。

ラジオや講演、司会など、お話する仕事をしたいです。

生きている限り埼玉西武ライオンズの応援をし続けていきたい、野球のお仕事をしたいです。

今回の事故を自分自身のために残すため、手記を本にしたいです。

挙げればキリがありません。

今までとは方向性は変わるけど、何かを発信していきたいという気持ちは何ひとつ変わりません。

そして最終的にはやっぱり、これは〝神様の存在〟とか〝奇跡〟という言葉になってしまいますが、脚が元通り動くようになって「アイドルとしてステージで踊りたい」です。

幸せなことに、待ってくれている人たちがたくさんいます。

このことが私の最大の励みになっています。

時間はかかるかもしれません。
元通りは無理かもしれません。

でも必ず笑顔で「久しぶり！」って元気な姿で皆さんに会いたいです。

事故があったあの日、まさか自分がこんな目に合うとは思っていなかったです。

家族も友達も、事務所のスタッフも、メンバーも、ファンの皆さんも、誰も思っていなかったでしょう。

あの日、たまたまあの時間に歩道を歩き、たまたま私が大きな看板の前を差し掛かったときに特別強い風が吹き、看板の下敷きになりました。

（中略）

もし、なんてことはないのは分かっているけれど、色んな偶然が重なって私の両脚は動かなくなってしまいました。

でも、命が助かりました。
目撃者のお話によると現場は酷い状況で、命が助かっただけでも有難い状況だったそうです。

私は生きています。

このことだけは何にも代えることの

できない神様からのプレゼントだと思っています。

その分試練も与えられたけど、きっと越えられない試練は与えないはず。


よく、ドラマや映画で「明日何があるか分からない、今を大切にしよう」という言葉を聞きます。

今までその言葉を大切にしてきたつもりではあったけど、改めて本当にその通りだと思います。


だからこれからどんなことがあっても、向日葵のように上を向いて楽しくて幸せな人生を歩んでいく。

そして毎日を丁寧に大切に生きていきたい。

私は前を向いています。

もう心配しないでね。


これからも猪狩ともかを見守ってください。

そして一緒に歩んでいければ嬉しいです。

この先もずっと、よろしくお願いします。

仮面女子　猪狩ともか

第 I 部

Chapter4

復活のステージ

Story of Tomoka Igari

――すさまじい反響にツイッターがダウン

ブログの反響はすさまじく、ツイッターの通知機能が追いつきませんでした。仮面女子のファンの皆さんはもちろんですが、ニュースを見て知ったという人や、同じ境遇・似た境遇の人からも膨大なメッセージが届き、すぐには読み切れないほど。今回のことで、私のことを初めて知ってくださった人も多かったようです。

取材申し込みも殺到し、『めざましテレビ』（フジテレビ）、『スッキリ』（日本テレビ）、『とくダネ！』（フジテレビ）には、病室から電話で取材を受けました。『めざましテレビ』『とくダネ！』『スッキリ』『グッド！モーニング』（テレビ朝日）『Ｏｈａ！４（おはよん）』（日本テレビ）、ＴＢＳ報道局が次々ニュースにしてくださって、私は「病院のベッドの上で自分のニュースを見る」という珍しい経験をしました。

こんなに反響があるとは思ってもいなかったから、驚きしかありませんでした。

どう受け止められるか怖かったけれど、**ほぼすべてが私を応援する声……。安心したし、本当に嬉しかった。**

「こんなに多くの皆さんが関心を持ってくださるなら、リハビリの様子や車椅子での生

活について知ってもらいたい！」

そう思い、ブログにリハビリ記録をつけ始めることにしました。

――ある人たちとの面会

5月13日。不慮の事故からほぼ1カ月。

ある人たちとの面会がありました。

私が事故に遭った看板を、管理していた財団法人の代表の方々3人でした。

面会の最中は我慢していましたが、3人が帰ったあと、私は堰を切ったように大号泣してしまいました。

たぶん、相手がかなりのご高齢の方だったから……。

「団体の代表電話には『なぜ風で飛ばないように看板をしっかり固定しておかなかったのだ！』『責任をとれ！』という怒りの声が殺到している」

「どこで入手したのか、私の個人の携帯にも電話がかかってきて怒鳴られる」

といった話を聞き、こんな**自分のおじいちゃんよりもさらにご高齢の方々に、私は迷惑をかけてしまっているんだ……と思うと、涙があふれて止まりませんでした。**

看板の管理責任を負っている財団法人に対して、**恨みはありません。**

けれど、**やはり「看板の管理をもっとちゃんとしていてくれたら……」という思いがあるのも事実**です。

強風が吹くことはニュースで伝えられていましたから、ちゃんと事前に養生してくれていれば、私は事故には遭わなかった。

でも、だからといって、それで**目の前にいる3人を責め立てて、どんなに謝罪してもらっても、私が歩けるようになるわけではありません。**

だから、そこに不毛なエネルギーを向ける気にはなれなかったんです。

二度とこのような事故は起きてほしくないと、強く願っています。

――埼玉西武ライオンズの選手の方々の応援！

入院してちょうど1週間ほど経った日のこと。日本ハム戦で8回表まで8点という大差で負けていたライオンズが、9回に奇跡的な逆転勝ちをしたのです。

このことは私をとても勇気づけてくれました。

ケガのことを公表したあと、ライオンズが勝った5月13日の試合後には、応援団とファンの皆さんが外野席に集まり、手拍子とともに**「頑張れ！　頑張れ！　ともか」**とエールを送ってくれて、**「かっとばせ！　かっとばせ！　ともか」**と応援歌を大合唱してくださったそうです。

「かっとばせ」とは「ケガをかっとばせ！」という意味が込められていたと、あとで聞きました。

応援歌には「チャンテ4（点が入りそうなときに応援団が演奏する応援歌）」もあるのですが、それは私がまた球場で始球式をするときまで、とっておくとのことでした。ツイッターに貼られていた動画を見て嬉しくて涙が出ました。本当にケガが飛んでいってなくなってしまうような、そんな気がしました。それほど大きなパワーでした。

やっぱり応援の力ってすごい‼

その後も高木勇人投手（現レオネス・デ・ユカタン）がブログで、

「リハビリはアイドルパワーとライオンズ魂で頑張ってください‼　僕も見習って猪狩ともかさんみたいに頑張って、投げる試合を応援に来てもらうために頑張って練習します‼　僕も応援してます‼　頑張ってください！！！」

と私にエールを送ってくれて、これもとても感激しました。

——選手の寄せ書きユニフォームに感涙！

——私、絶対に、絶対に頑張る！

そして5月27日には、なんと埼玉西武ライオンズの球団職員の方が、お見舞いに来てくださいました。

球場で配布していたプレイヤーズおめん（ライオンズの選手のお面）、ライナちゃん（ライオンズのキャラクター）のサイン入りのユニフォーム、そして、チームタオルをたくさん頂きました。

そしてそして……。

選手の皆さんのサインの寄せ書きユニフォーム（！）というビッグなプレゼント！！！

炭谷銀仁朗選手（現読売ジャイアンツ）が「できるだけ多くの選手のサインを！」と声をかけて集めてくれたそうです。

感謝があふれて言葉になりませんでした……。

私、絶対に、絶対に頑張る！

頑張ってみんなに元気な姿を見せる！

そう強く、心に誓いました。

――仮面女子メンバーのこと……

そして、もちろん**仮面女子のメンバーの応援の力も絶大**でした。

それまで毎日のように顔を合わせていたから、メンバーと会えないのは本当に寂しかった。ＩＣＵ、ＨＣＵ（高度治療室）病棟にいる間は家族以外との面会ができなかったので、**「みんなに会うためにも早く一般病棟に移りたい」**と思っていました。

だから、一般病棟に移り、メンバーが初めてお見舞いに来てくれたときは、すごく嬉しくて涙が出ました。会う前はちょっとドキドキしたけれど、みんなの顔を見たらあっという間にいつもの私たちに戻れました。

お互いの近況を話して、いっぱい笑って……。

何も飾ることのない、自分らしくいられる時間がそこにありました。

誕生日でもないのに、みんなプレゼントを持ってきてくれて……。

このときもらったものは、今でも大切に使っています。

それからはみんな忙しい中、スケジュールの合間を縫って会いに来てくれました。

１回のお見舞いに数人ずつ、１カ月の間に全員が来られるように、調整してくれたみたいです。

メンバーは家族でも友達でもない。

でも誰よりも長く同じ時間を過ごしていて。

夢を一緒に追いかけて……。

私にとって必要不可欠な大切な存在です。

事故に遭って、改めて**仲間の大切さ**に気付きました。

復帰のステージへ！
――あの日、来たくて、来られなかった場所へ

8月26日。

私は事故に遭った4月11日に向かっていた場所、行きたかった場所、仮面女子の劇場「仮面女子CAFE」に向かっていました。

あの日、私はここに来たかったんです。**でも来られなかった場所……。**

ずっとずっと夢見ていた日。

やっとみんなに会える！


この日に向かってリハビリを頑張ってきました。

メンバー、スタッフとハグ……。

みんな**「おかえり！」**と言って私を大歓迎してくれました。

――アイドルであり続けたい！

もう一度、もう一度ステージに！

入院中どんな苦しいときも、その思いは私の中で消えることはありませんでした。

それは**やっぱり、アイドルが好きだから。**

アイドルを続けたかったから。

引退して、家でのんびり過ごすとか、別の道に進むという選択肢もあったかもしれませんが、**一度もそういうことに思いがいかなかった**んです。

「車椅子でどう復帰するか、何ができるか」と、それしか考えられませんでした。

でも、それは「居場所があるかないか」ということとは別の話です。

私たちアイドルは、応援してくれるファンがいてこそ成り立ちます。

仮面女子は、激しいダンスが売りです。車椅子で手振りだけで踊る私を見て、ファンの皆さんは受け入れてくれるのか。そもそも私の居場所が残っているのか……。

正直、ずっと怖かった。

病室で仮面女子のライブ映像を何度も何度も見ましたが、見れば見るほど葛藤……。

「私が車椅子でここに入っていいのかな?」

「カッコいい仮面女子を崩してしまいたくない……」

気にしては気にしないように……の繰り返しでした。

復帰ライブ

――あの日、立てなかったステージへ

そして本番がスタート。

大好きなメンバーとライブをしている!

大好きなファンの皆さんの顔が見える!

私はステージにいました。

会場一面に、黄色サイリウム。

手づくりの旗、向日葵。

私のイメージカラー、イメージフラワーです。

後方には横断幕や垂れ幕。

不安な気持ちはすべて吹き飛び、**「みんなもこの日を待ってくれていたんだな」**と感じました。

きちんと一人ひとりの顔を見たくて、何度も会場いっぱいを見渡しました。

ずっと見たかった景色、ずっと思い描いていた景色が、そこにありました。

ステージ終了後は、私の復帰の記者会見が開かれました。

大勢のレポーターさんに囲まれて、何本もマイクが差し出される囲み会見。初めての体験だったので大緊張……。

「私のケガって、そんなにすごいことだったのかなぁ」

逆にビックリするほどでした。

私を取り巻く環境が、急に大きく変わり始めているのを感じました。

万感の思いを胸に。退院の日
——「ここからが新たなスタートだ」

9月26日退院。

突然の事故から5カ月半の入院生活。

長かったような、あっという間だったような……。

でも、やっぱり振り返ってみると長かったな。四捨五入したら半年ですから。

最初は自分の状況もよくわからず、リハビリの趣旨も理解できないまま日々を過ごしていました。**自分でご飯を食べることも、着替えをすることも、お風呂に入ることも、もちろん車椅子に乗ることもできませんでした。**

本当に何もできませんでした。

でもリハビリを重ねて、だいたいの動作は自分でできるようになりました。

たまに人の手を借りることもあるけど、**何もできなかったときの自分からは別人のように**感じます。

リハビリのおかげです。

ただ、いざ退院が決まると、寂しさが押し寄せてきて……。

当初8月中旬に予定していた退院がどんどん延びていくたびに凹《へこ》んだけれど、実際に退院が近くなると「やっぱりまだ病院にいたいな〜」なんて思ってしまいました。

マリッジブルーならぬ、**「退院ブルー」**でした。

慣れた環境を離れて新しい環境に飛び込んでいくのは、勇気がいるものですね。


入院生活には、たくさんの出会いがありました。

看護師さんに最後のお礼を言ったとき、涙があふれてしまいました。

同じ病棟の患者さんたちともすっかり仲良くなっていたから、お別れするのが寂しかった。すっかり「自分のお城」と化していたベッドまわりも、離れがたくて……。

なんだか大切なものを失ってしまうような、そんな感覚になりました。


ファンの皆さん、メンバー、事務所の方々、友達、家族。

みんなの支えがあってこそ、この日を迎えることができました。

誰も面会に来ない日が1日もなく、病室はいつもにぎやかでした。

ここからまた新しい日々の始まりです。

「ここからが新たなスタートだ」

心に期し、思い出がたくさん詰まった景色を胸に、病室をあとにしました。

第Ⅱ部

生きていたら何だってできる！

一歩ずつ前に進むための55の言葉

Words of Tomoka Igari

私が立ち直ることができたのは「言葉の力」があったから

――言葉にはパワーがある！「100％の前向き思考」にしてくれた55の言葉

「障害を乗り越えた」
「受け入れることができた」

よくこのように言われるのですが、私にとって障害は「乗り越えた」「受け入れた」といった「過去形」の話ではありません。

現在進行形のこととして、日々向き合っていくもの、受け入れていくものです。

胸を張って「乗り越えた」「受け入れることができた」と言える日が来るのかどうかもわかりません。もしかしたらそれは、人生の幕を下ろすその日になってみないとわからないのかもしれません。

日々を生きていくしかないのです。

「強いね」「前向きだね」と言ってくださることも多いのですが、私は皆さんが思ってくれているような強い人間ではありません。

というよりも、どちらかといえば**メンタルは弱い**です……。

ちょっとしたことですぐに落ち込むし、長く引きずります。

仮面女子に昇格できなかった時期にメンタルを崩した話は第I部でしましたが、やめておけばいいのに、今でも「エゴサ（エゴサーチ）」をしてしまい、私を批判する投稿を見て、めちゃめちゃ凹むこともあります……。

要は、**特別な人間でも何でもない**んです。

ただ、そんな普通にメンタルの弱い私が、不慮の事故に遭って車椅子生活になったとき、**「生きる意欲」を失うことなく、前を向くことができたのは、そこに私を救ってくれたたくさんの「言葉」があったから**だと思います。

私自身がこれまで支えにしてきた言葉もあれば、今回のことでつかんだこと、事務所や仲間、家族からの言葉もあります。あるいは、ファンの方の言葉だったり、私と同じような状況にある人の言葉もあります。

言葉の力は絶大です。

言葉の力によって、私は元気を取り戻し、前を向くことができました。

「なぜ前を向くことができたのですか？」

「どうしたら強くなれますか？」

何度となく聞かれた質問への答えとして、私を支えてくれた言葉を紹介します。

そしてこの言葉たちが、ひとりでも多くの皆さんを勇気づけ、明日への生きる希望の光を灯してくれるのであれば、心から嬉しく思います。

第 II 部

自分を受け入れる

Words of Tomoka Igari

1

自分を受け入れる

「事故に遭ってよかった」とは一生思えないけど、新しい道が、明るい場所でよかった。

2018年4月11日、不慮の事故に遭って突然、下半身不随に。
人生最大といっていいほどショックな事件が起こったはずなのに、
そこから驚くほど「新たな出会い」が始まり、「新しい世界」が広がっていった。

事故から復帰してからは、以前と仕事の内容がガラリと変わりました。ライブに出演する機会は減りましたが、その代わりに、いろいろなメディアからインタビューをして頂いたり、講演のお話も頂くようになりました。

また、パラスポーツに関わったり、その関係でテレビに出演する機会も増え、NHKの番組のレギュラー出演も決まりました。

仕事の幅がいっきに広がって、刺激的な出会いがたくさんあり、**毎日がワクワクすることであふれています**。


もし事故に遭っていなかったら、新しい世界や新しい人との出会いも、きっとなかったと思います。


仕事以外でも、大きな変化がありました。

いちばんは、**家族や友達とゆっくり過ごす時間が増えた**ことです。

事務所に入ってからは、帰宅は毎日深夜、休みもほとんどないという日々だったので、家族とはすれ違いの生活でした。

それが今ではスケジュールの組み方が変わり、休めるときは休めるようにしてもらっているので、家族とゆっくり過ごす時間が持てるようになりました。

友達と会ったり、連絡をとることも増えました。

今までは友達と会ったり遊んだりする機会も全然なかったので、友達と過ごせる時間はとても楽しいものです。

私が事故に遭ったと聞いて心配して連絡してくれたり、私が入院中にヒマすぎて「あの子、どうしているかな？」と連絡することで、久しぶりに連絡をとるようになった友達もいます。

事故に遭わなかったら、こんなゆったりとした時間は持てていなかったと思います。

もちろん、だからといって「事故に遭ってよかった」なんて思えるわけではありません。

そんなふうには一生、思えないと思います。

でも、新たに歩み始めた道が、明るい場所でよかった。

「脚が動かない」「車椅子生活」というと、その先の人生は厳しく、暗いものが待っている……というイメージが一般的にはあるかもしれません。

でも実際には全然そんなことはなくて、**私は毎日笑って過ごすことができています。**

もちろん、それは**家族、友達、ファンの皆さん、メンバー、事務所の方々など、みんなが私のまわりを明るく照らしてくれているから**にほかなりません。

新しい場所で、いっぱいの笑顔や幸せを、これからもみんなと共有していきたい。

今、私はそう思っています。

2

自分を受け入れる

生きていてよかった！
脚が動かなくたって、
生きてさえいれば、何だってできる！

初挑戦したことがうまくいったとき、家族や友達と笑い合っているとき、ステージに立ったとき……。生きていることの喜びがこみ上げてくる。生きていたからこそ、経験できることがある！

先日、初めて「チェアスキー」に挑戦しました。

チェアスキーというのは、座った状態で行うスキーです。

もともとスキーやスノーボードは大好き。

学生時代はよく行っていたのですが、車椅子生活になってからは、再びスキー場に行くなんて考えもしませんでした。

ところが、病院で仲良くなった同じ車椅子の子から「チェアスキーに挑戦した」という話を聞いて、**「それなら私もやりたい！」**と思ったのです。


念願叶って、いざスキー場へ！

リフトに乗って青空を見上げたときは、

「あー、私ここに戻ってこれたんだ」


と大感動。

新雪がキラキラ光るゲレンデや遠くの山脈の景色を見て、

「生きていてよかった！」

という感情がこみ上げて、涙が出そうになりました。

なんとチェアスキー元日本代表の野島弘さんにご指導を頂き、パラリンピックにも同行しているスキーインストラクターの山森信子さんにアシストをして頂くという、超贅沢な体験。

思ったよりも上手に滑れて、爽快感がすごかったです！　何度も転んだけど、それも楽しかった。

まだまだ知らない世界がある！

これからも、もっといろいろなことを経験していきたいと思いました。

車椅子生活になったことで、つらいこと、戸惑うこともたくさんあります。どうしようもない苛立ちを、家族にぶつけてしまうこともあります。

でもやっぱりやっぱり、**「生きていてよかった！」と心から思います。**

脚が動かなくても、
生きてさえいれば、何だってできるから。

この「生きていてよかった！」というのは、私自身の強い思いでもあると同時に、**まわりのみんなが思ってくれていること**でもあります。

この本の原稿を書くにあたって、忘れてしまっていることもあったので、母にいろいろ聞きました。

母は当時のことを思い出すと、今でもつらくなるようですが、それでもつくづく、

「ともが生きていてくれてよかった……」

と言ってくれました。

それを思うと、**「生かされたこの命、大切にしよう」**と心から思います。

生きているって素晴らしいな……。

3

自分を受け入れる

生きているだけで、人生「0点」なんてありえない！人生は案外どうにでもなる！

あの日、命を落としていたかもしれない私。
それを考えたら、生きているというだけですごい奇跡。

入院してすぐ、兄にＤＶＤを借りてきてもらって、ドラマ『コード・ブルー　ドクターヘリ緊急救命』を全編見てしまいました。

「ドＭか！」とよく突っ込まれるのですが（笑）。

以前にリアルタイム放送も見ていましたが、入院していた病院にドクターヘリが常駐していたのがきっかけで、また見たくなったのです。

じつは**本来なら私自身も「ドクターヘリ案件」だった**らしいのです。

事故に遭った場所が都内であったことや、風が強かったことからヘリコプターが飛ばせなかったけれど、別の条件だったらドクターヘリで運ばれていたかもしれないと、病院の先生から聞きました。

そんなこともあって『コード・ブルー』は強い関心を持って見ていたのですが、ある回に、事故で肺に血がたまって命を落とした人の話が出てきたのです。

それを見たときに**「これ、私と同じ状況だ！」**と思い、ハッとしました。

プロローグ（６ページ）で書いたように、私も事故で肺に血がたまるという事態になりました。

あのときは呼吸ができなくて、苦しくて苦しくて、もう死ぬかと思ったけれど、本当に死んでいてもおかしくなかったのです……。

事故直後、すぐにまわりの人が助けてくれたこと、救急車が短時間で来てくれたことなど、**いくつものラッキーが重なって、私は命をつなぐことができました。**

もしまわりに人がいなかったら、もし救急車が到着するのがもうちょっと遅かったら、死んでいたかもしれない……。それを考えたら、

「生きているだけで奇跡なんだな」

と、心から思わずにいられませんでした。

私たちって、すぐに自分をマイナス評価してしまいがちですよね。

「できること」「うまくいったこと」をプラスに加算して考えるより、**つい「できないこと」「うまくいかないこと」に目がいき、「減点思考」で考えがち**ではないでしょうか。

でも、誰だって、どんな状況だって「何かできること」は必ずありますよね。

そう、生きているだけで「0点」なんてことはないんです！
誰だっていつだって、生きているだけで価値があるんです！

そして、人生がうまくいかなくて苦しんでいる人、悩んでいる人に、私が声を大にして言いたいのは、

人生は案外どうにでもなる！

突然、車椅子生活になって、私だってたくさん落ち込んで、現実を受け止められなくて、つらい思いもしてきました。

でも、そこで自分が得ているもの、持っている幸せを見つめ直し、今できることをひとつずつやっていくことで、少しずつ道はひらけていきました。今、私は毎日笑って暮らせています。

「生きているだけで『0点』なんてありえない！」「人生は案外どうにでもなる！」と思えたら、そこから先は生きる勇気が湧き、ものすごく気持ちがラクになりました。

4

自分を受け入れる

「事故がなければ
有名になっていなかった」
本当にその通りかもしれない。
でも、自分で自分を認めてあげたって
いいじゃない。

名前が知られるようになった分、非難する声があるのも事実。
でも、自分が「できること」「やりたいこと」を見つめて、前に進むしかない。

皆さんの中には、事故で私のことを初めて知ってくださった方も多いと思います。これまで地下アイドルとして「知る人ぞ知る」的な存在だった私ですが、事故に遭ってからは、世の中に名前が知られるようになり、「車椅子のアイドル」としてテレビに出演したり、イベントに呼ばれたりするなど、メディアにも広く露出するようになりました。

そんな中、私を批判する声があるのも事実です。

「事故に遭わなかったら有名になっていなかった人だよね」
「車椅子であることを利用して名前を売っている」

あるいは所属事務所に対して、「(車椅子の私を) 見世物にしている」という非難もあります。

人前に出ることを自ら選んでいるのだから、心無いことを言われるのも、ある程度は仕方がないと思っています。

「事故がなければ有名になっていなかった」
その言葉も、その通りだと受け止めています。

ケガをしたからこそ、今までになかったジャンルの仕事を頂けていることも事実だし、「猪狩ともか」ではなく「車椅子のアイドル」として注目されている面があることもわかっています。

でも、もしここで、私が腐ってしまっていたら？
この世界に戻ることをあきらめていたら……。

私は「発信できる人」になっていないし、発信しても小さな範囲にしか声が届かなかったはずです。

障害を持った私だからこそ、世間に広く伝えるべきものがあると思うのです。

私を見て**「希望を持つことができた」「生きる勇気をもらった」**と言ってくれる人がいます。

「たくさんの人が支えてくれているから」だということは大前提ですが、ケガと向き合い、今ここにいるのは、紛れもなく自分の意志です。自分自身です。
だからそこは**「自分で自分を認めてあげてもいいんじゃないかな」**と思っています。

誰にでも「きっかけ」というものがあって、
それが私にとっては事故でありケガだった。

それだけのことなんだと思っています。

5

自分を受け入れる

自分で自分をほめてあげなくてどうするんだ！
自分で自分に「ナイフ」を向けてどうするんだ！

かつては「１２０％後ろ向き」だった私。
あるとき、自分で勝手に「自分の限界」を決めていたことに気付いた。

第I部でも書いたように、仮面女子を目指していた候補生時代、私は一度、本気で辞めることを考えました。

私物をすべて引き上げ、もう戻らないつもりで劇場をあとにした話は、25ページで書いた通りです。

アイドルになりたくて事務所に入って、私なりに頑張って昇格を重ねていったのに、あと一歩のところで、どうしても仮面女子になれない……。

とにかく焦る気持ちがすごく大きかったです。

「もう年だから」

「こんなに頑張って昇格できないんだから、もうダメでしょう」

当時、私はいつもこんな言葉を口にしていました……。

私だって本当にちょっと前までは、
「100％前向き」どころか「120％後ろ向き」だったのです。

でもスタッフの方に相談したり、自分でもよくよく考えてみたとき、ハッと気付いたことがありました。

それは、**自分で勝手に「自分の限界」を決めていた**こと。


よく考えたら、事務所やファンの皆さんをはじめとする誰からも、

「お前は年齢がいっているから、もうあきらめろ」

「次が最後のチャンスだからな」

なんて言われたことはありません。ほのめかされたことさえないんですよね。

自分で勝手に「年齢の限界」「才能の限界」を決めて「最後のチャンス」と追い込み、自分を責めていただけだったのです。


自分で自分に「ナイフ」を向け続けていただけなんです。


私はみんなに笑顔と元気を届けられるアイドルになりたかった。

年齢なんて関係ない。

何度くじけたって、
どれだけ時間がかかったって、
あきらめなければ、つかめるものがある。

年齢がいっていても、下積みが長くても、あきらめずにチャレンジし続けて、そして仮面女子になり、夢を叶える姿を皆さんに見せることで、初めて私がアイドルでいる意味があると思いました。

「今まで『ナイフ』を向けていた自分を、もっと愛してあげよう」
「自分で自分をほめてあげなくてどうするんだ！」

そのことに気付いたときから、自分を肯定できるようになった気がします。

6

自分を受け入れる

人は誰もが一人ひとり必要な存在。焦らず、自分にできることを精一杯やればいい。

ワンマンライブ前、パフォーマンスに不安な気持ちを抱えていたとき、ダンスの先生の言葉が私を救ってくれた。

2019年5月1日。令和初日。

舞浜アンフィシアターで、仮面女子のワンマンライブがありました。いつも出演している「仮面女子CAFE」ではなく、大きな会場を借りて行う大規模イベントです。

私にとって初めて仮面女子のメンバーとして迎えるワンマンライブ。

そして**初めての車椅子パフォーマンスでのワンマンライブでした。**

すでに「仮面女子CAFE」での公演には復帰していて、ステージに立つ機会も徐々に増えていましたが、ワンマンライブとなると時間も長く、曲数も多くなります。ステージ構成も異なるため、普段とは違う動き、大きな移動が加わります。楽しみではあったけれど、「私にできるのか」という不安も大きかったです。

そんな私に勇気を与えてくれたのは、ダンスの先生の言葉でした。

先生はメンバーを集めてこう話してくださったのです。

「**ここにいる一人ひとりがグループに必要な存在**です。

新人の子は『自分がみんなの足を引っ張ってしまわないか』とか、そんなことは考えなくていい。むしろ『**自分が入ったことでプラスになっている**』と考えて。

そして、ともか。ともかは『**自分のせいで迷惑をかける**』**なんて全然思わないでいいからね**。ともかがいることで、パフォーマンスの幅が広がることはたくさんあります。みんなそれぞれ、自分の役割を考えて本番に臨んで！」

この言葉をもらえたことで、ずっとモヤモヤしていた気持ちが解消されていきました。

ここにいる誰もが必要な存在。
それぞれに役割がある。
だったら焦らずに、
自分ができることを精一杯やろう。
楽しみにしてくれている
ファンの皆さんのためにも頑張ろう！

そう思えたのです。順風満帆ではなかったけれど、ステージにいる瞬間はとても楽しくて、私にとっては忘れられない1日となりました。

第 II 部

前を向く

Words of Tomoka Igari

7

前を向く

前を向くから、誰かが助けてくれる。どんなときでも、前を向いていれば、必ずいいことがある。

前を向いていたからこそ、復帰後、新しいジャンルのお仕事を頂けた。
前を向いていなかったら、こうしたお声がけはもらえなかったように思う。

車椅子生活になって、すべてを失った気がして一度は絶望した私。

でも新しい生活になじんでいくうちに、**「失ったもの」がある一方で、「しっかり残っているもの」もある**ことに気付かされました。

それは家族の絆だったり、ファンの皆さんの応援のありがたさだったり、仕事仲間や事務所の支えだったり……。

「人生で本当に大事なもの」は、何ひとつ失っていなかったのです。

そして**「新しく手に入ったもの」もたくさんある**ことにも気付きました。

新しい仕事、新しい人間関係だけでなく、パラスポーツなど今までまったく知らなかった未知の世界に触れたこともそうです。

新しい世界は私をワクワクさせてくれて、**「生きていてよかった」という喜び**を感じさせてくれます。

車椅子生活になっても、こうして楽しく充実した毎日を過ごせているのは、きっと私が**前を向いてきたから**だと思っています。

第Ⅰ部（75ページ）で掲載した、事故のことを報告したブログを見て、事務所に声をかけてくださった方がとても多くいらっしゃいました。

「復帰したら、こういうことをやりませんか？」
「こういうイベントに出てほしい」
「猪狩さんと仕事をしてみたい」

などなど……。本当にいろいろな方、団体、企業からご連絡を頂きました。
これはもう、**涙が出るほど嬉しかった**です。

やる気はあったものの、**「今の私に需要はあるのかな……」**という不安は常にあったので、まさか仮面女子の枠を超えて、新しいジャンル、新しい仕事の世界が広がっていくなんて思ってもいませんでした。
「そうであれば1日も早く皆さんの前に出たい！」と、それを励みにリハビリも頑張ることができました。

前を向いていたから、手を差し伸べてくれる人がいて、視野を広げることができた。


そう信じています。

もし私が後ろ向きになって、

「つらいです……」

「不安しかありません……」

みたいな発信ばかりしていたら、きっとこうしたお声がけも頂けなかったと思います。

もしこの本を読んでくれている皆さんが、かつての私と同じようにつらい立場、厳しい状況になったとき、この言葉を思い出してくれたら嬉しいです。


「どんなときも前を向いていれば、必ずいいことがある！」

8

前を向く

書くことで、気持ちが整理できる。自分の環境を、客観的に考えられる。ノートは、私を励ましてくれる「大切な相棒」。

記録を残すことって本当に大切。全部全部、いつか役に立つ。つらいこと、嬉しかったこと、何でも雑多に書き綴った「入院ノート」。気付けば、大切な心の拠り所となってくれていた。

事故翌日に、母に「ノートを買ってきてほしい」と頼みました。

それが通称**「入院ノート」**です。

入院の記録からリハビリの様子、そのとき思ったことなどをこまごま書き留め、気が付いたら3冊になっていました。


当時はまだ自分が置かれた状況を知る前でしたが、「大変なことになってしまった！」という認識はありました。

急にこんなことになってしまって仕事はどうなるのか、メンバーになんと言えばいいのか……。何より痛くて苦しい状況の中、これからどうなってしまうのか、モヤモヤが晴れませんでした。

それを**全部ノートに吐き出していました。**


最初のうちは身体の痛みがひどく、体力的にも厳しい状態で、身体を起こすことさえできなかったので、仰向けに寝たまま手を伸ばし、ノートを顔の上に持ってきて書いていました。

今見ると、我ながらヘタな字ですが……。

とにかく毎日ノートに綴りました。

その日どんなことをしたかとか、そのときの気持ちを綴ってみたり、またある日はこれからの目標を立ててみたり、ライオンズの試合のある日にはスタメンをメモしたり。看護師さんたちを覚えるために名前と特徴を書き込んだり、同室の方の「名（迷）言集」とかも書き込みました。

思いつくままに綴っていただけですが、

書くことで、自分の気持ちが整理できたり、自分の環境を客観的に考えられるようになった。

そんな実感があります。

することがなくて、ヒマすぎて、時間を持て余す入院生活の中で、ノートをつけることが日課になって、それがメリハリになっていきました。表紙には愛犬リキの写真を貼りました。

いつの間にか「入院ノート」は、私の「大切な相棒」になっていきました。

今でもノートを開けば、そのときの気持ちや状況が、手にとるように思い出されます。ノートがなかったら、思い出せないこともいっぱいあります。

本書の内容も、このときに書いたものがベースとなっています。

「入院ノート」は、私の大切な宝物のひとつです。

Tomoka's Note

9

前を向く

自分で書いた言葉は、自分を守ってくれる「お守り」になる。

ポジティブな言葉はもちろん、ネガティブな内容も、
あとから読み返してみると、
「こんな大変なことを乗り越えてきたのだから、大丈夫」
という自信をつけさせてくれる。

「入院ノート」の1ページ目には、家族からの言葉が並んでいます。家族が寄せ書きのように、私を励ます言葉を書いてくれたものです。

「傷が治るまで頑張れ！　家族みんなともの身方（原文ママ・笑）だぞ！」（兄）
「あせらず、ゆっくり　家族全員でともを支えるからネ！」（父）
「少しずつ、確実に元気になろう！　みんなともちゃんを応援しているよ!!」（母）
「何があっても大切な妹！！！　どんな時でも味方だし、なんでも協力するよ！！！ゆっくりでいいから元気になろうね♥」（姉）

この言葉たちは、**ノートを手にするたびに目に入り、私を守ってくれる「お守り」のような存在**になってくれました。

写真にも収めていて、今でもたまにスマホで見返すことがあります。

もちろんノートには、ポジティブな言葉ばかりが並んでいるわけではありません。

「今日はお母さんが来ないから、ひとりでベッドまわりの片づけをした。何度も物を下に落としてしまい大変すぎた。もうイヤ（泣）」

「お父さんにイライラした。そんな自分がイヤになった。そもそも私がケガなんかしなければばと思って悲しくなった」
「イライラしてばっかり。家族に当たってばかり。もし自分がアイドルじゃなくて、ニコニコ明るくふるまう立場じゃなければ、こんなふうにイライラしなかったのか」

こんなイライラも、思いのままに書き綴ってしまっています。

でも、あとから読み返してみると、こういう**ネガティブな内容も私を励ましてくれることに気付きました。**

ちょっと落ち込んだときも、このノートを読むと、
「ああ、こんなに大変なことを克服してきたんだ」
「あのときに比べれば、今はたいしたことない」

と**「乗り越えることができた自分」を思い出して、勇気をもらうことができます。**

書いている当時はそこまで思わなかったけれど、**時間が経って初めて、「書き留めた**

言葉」の価値がわかったような気がします。

Tomoka's Note

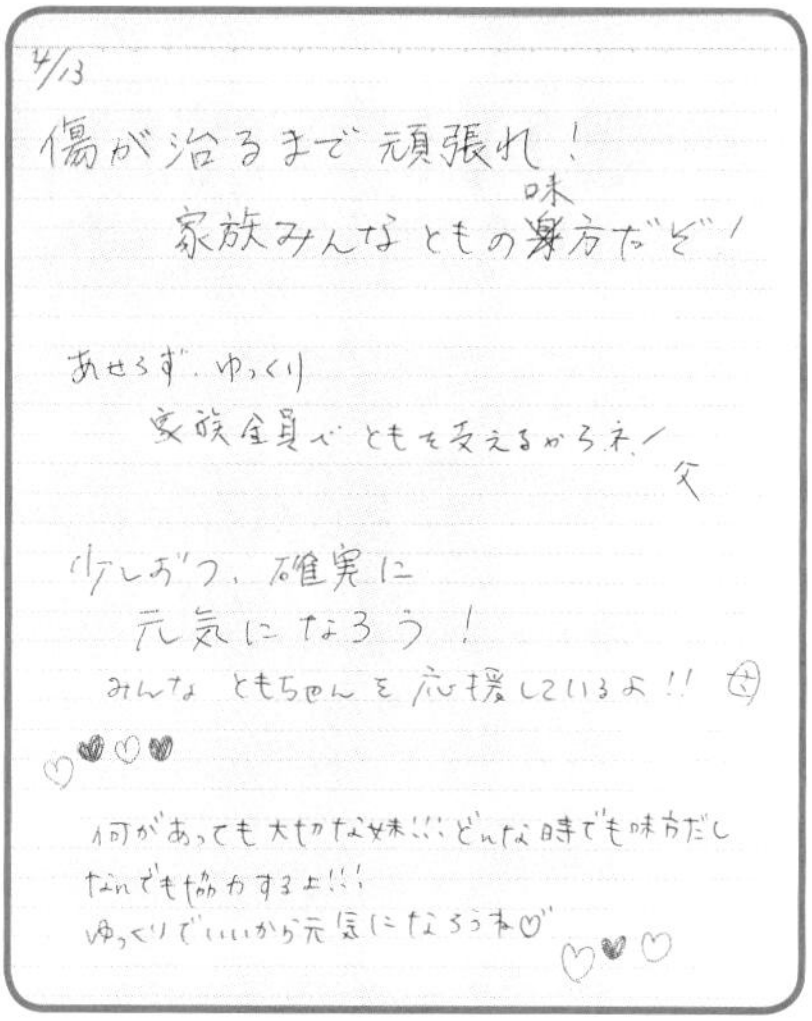
4/13
傷が治るまで頑張れ！
家族みんなともの味方だぞ！

あせらず、ゆっくり
家族全員でともを支えるからネ！
父

少しずつ、確実に
元気になろう！
みんなともちゃんを応援しているよ！！ 母

何があっても大切な妹!!!どんな時でも味方だし
なんでも協力するよ!!!
ゆっくりでいいから元気になろうネ

10

前を向く

「生きていた!!」「頭や首が無事」「手が自由」「顔に大きな傷が残らなかった」——不幸中の幸いリスト

事故後4日目に「この状況の中でもせめてもの救い」をリストアップ。「前向きに考えるクセ」をつけるのに絶大な効果があった。

「不幸中の幸いリスト」

これを書いたのは事故後4日目のことでした。
事故直後からずっと家族に前向きな励ましの言葉をかけ続けてもらっていましたが、
家族と話しているうちに、

「そうか、この状況の中でも、『ラッキーだったこと』『幸いだったこと』はいっぱいあるんだ」

ということに気付きました。

「だったら、それを集めて書き出してみよう！」

と思って書いたのが「不幸中の幸いリスト」です。
いざリストアップしてみると、意外にもいろいろあってビックリ。
そして書いていくうちに、

「あれ、私って結構ラッキーだったんじゃない？」
「これで済んでよかったんだな」

と思えてきたのです。

「事故に遭って、なんて不幸なんだろう、なぜ私ばかり……」

ネガティブな感情が湧いてきたときも、このリストの内容を思い出して気持ちを落ち着かせていました。

このあとも、**「不幸中の幸い」を探すクセがつき、それこそが私の「100%の前向き思考」につながっていった**のだと思います。

あとは**「治ったらやりたいことリスト」や「言うだけならタダなのでいろいろ言ってみるリスト」**（後述します）もつくっていました。たんにリストアップ好きかも（笑）。

でも、この「不幸中の幸いリスト」は本当に効きます！

人生に絶望して、もうどうしようもないと思ったとき、不幸のどん底としか思えないとき、是非この「不幸中の幸いリスト」を思い出して、書き出してみてください！

きっときっと、生きる勇気が湧いてくるはずです！

私が保証します！

「不幸中の幸いリスト」

✓ 生きていた!!
✓ 頭や首が無事
✓ 手が自由
✓ 通行人がすぐ救助してくれた
✓ 救急隊がすぐ来た
✓ 病院がすぐそば
✓ 顔に大きな傷が残らなかった
✓ 内臓無事だから食事が自由
✓ 全国一の病院に連れてきてもらえた

Tomoka's Note

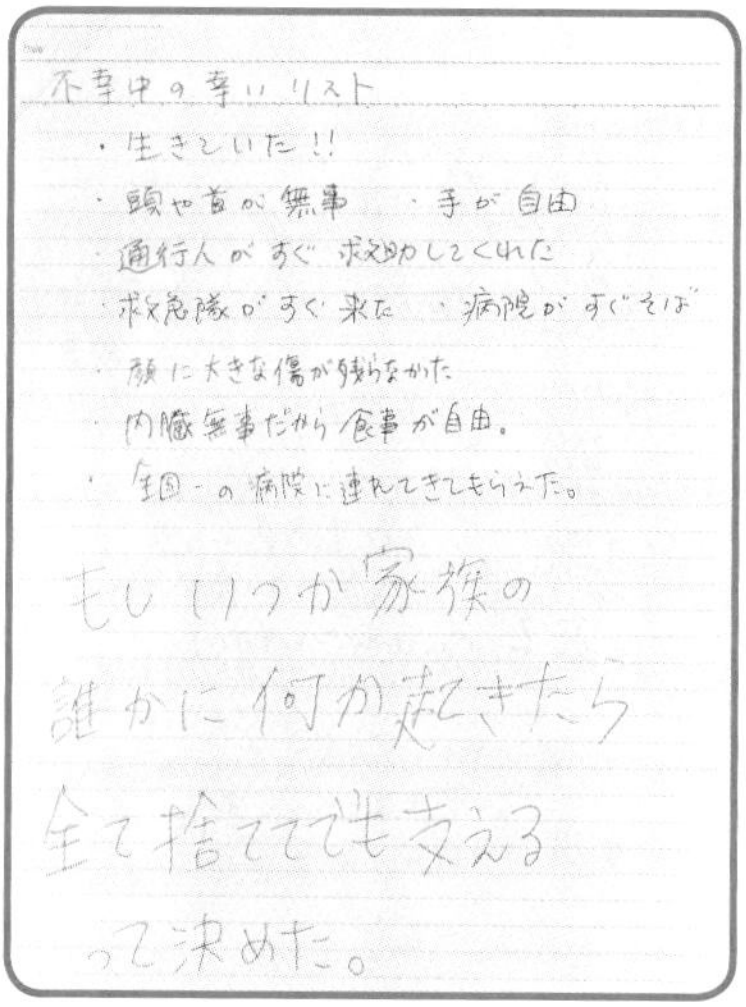
不幸中の幸いリスト
・生きていた!!
・頭や首が無事　・手が自由
・通行人がすぐ救助してくれた
・救急隊がすぐ来た　・病院がすぐそば
・顔に大きな傷が残らなかた
・内臓無事だから食事が自由。
・全国一の病院に連れてきてもらえた。
もしいつか家族の
誰かに何か起きたら
全て捨ててでも支える
って決めた。

11

前を向く

事故で失ったものも多いけれど、
事故に遭ったからこそ、
得られたものも、たくさんある。

事故に遭ったからこそ出会えたことのひとつが、パラスポーツ。
これからはパラスポーツの魅力を広めていきたい！

復帰して活動を再開したとき、「新たな世界」との出会いがあったと述べましたが、その大きなひとつが**パラスポーツ**です。

２０２１年のパラリンピックに関連して、パラスポーツのイベントも多く開催されています。私もそうしたイベントに呼んで頂いたり、テレビに出演させて頂くようになりました。

その中で私自身も「車いすフェンシング」「ボッチャ」「パラ・パワーリフティング」「車いすバスケ」「陸上競技レーサー」「射撃」「車いすテニス」など、さまざまなパラスポーツを体験する機会にも恵まれました。

「ボッチャって何？」と思われた方もいるかもしれません。

「ボッチャ」というのは、赤と青のボールを交互に投げ合い、「ジャックボール」と呼ばれる白いボールにいちばん近づけたチームが勝ちという、いたってシンプルなルールのスポーツです。

もともとは、重度の脳性麻痺や四肢機能障害を持つ人のために開発されたスポーツですが、**最近では障害の有無にかかわらず、多くの人が楽しんでいる**そうです。

四肢が不自由な場合は、補助器具を使って投げたり、手の代わりに頭や口の力を使う道具もあり、本当に老若男女、多くの人が楽しめる間口の広い競技です。

私も挑戦しましたが、思ったところに投げることが意外に難しく、負けてしまいました……。悔しかったけど、すごく楽しかった。

それ以降も何度かボッチャを体験する機会がありましたが、毎回とても楽しいですし、なんだか腕前が上がっている気もします（笑）。

もともとアウトドア派でスポーツは大好き。

中学生のときはソフトテニス部でしたし、水泳も12年間習っていました。

ケガをしてからもリハビリのために何度か泳ぎましたが、とても気持ちよく、リハビリとは思えないぐらい楽しい時間となっています。

「これからもたくさんの競技を体験してみたい」

「私に合う、夢中になれるパラスポーツを見つけていきたい」

「私がパラスポーツに挑戦する姿や、車椅子でいろいろなことを楽しんでいる姿を伝え、たくさんの元気や勇気を届けられたら嬉しい」

パラスポーツに関われば関わるほど、こうした思いが強くなります。

パラスポーツ選手の皆さんとの交流も、私にとって非常に意義深いことです。選手の皆さんの、障害を障害と思わせない、むしろ時には、

「障害をも武器にして戦う！」という強さ、たくましさにあふれている

そんな姿にとても感動し、**「私もまだまだ頑張れる」**と思わせてくれます。

パラスポーツは**人々に希望をくれる、**そして**障害者とそうでない人の間の心の壁を取っ払ってくれる、**そういうものだと思っています。

パラスポーツの魅力がもっとたくさんの人に伝わるよう、**私ができることに全力で取り組んでいきたい**と思っています。

12

前を向く

思い出を振り返ることはあっても、
後ろは振り向かない。
私が今いる場所は、
今ここしかない。

「仮面女子」になるまでは何回ものステップアップが必要だった。
新しい場所の居心地が悪くて「以前に戻りたい」と何度も思った。
でも、それでは前に進めない。

第I部でも書いたように、私は最初、仮面女子のオーディションに落ちてしまって、**事務所に所属しない「見習い生」からスタート**しています。

「見習い生」の頃はメイドカフェで働きながら、ショータイムの時間にパフォーマンスをしていました。

私は歌もダンスも何の下地があったわけでもなく、今思えばかなり稚拙なものだったと思うのですが、それなりに応援してくださるファンの方がついてくれました。

「アイドルになりたい。でも年齢的に厳しいかな……」

不安を抱えてのスタートだっただけに、応援してくださる「ファン」という存在に出会えたことは、とても嬉しかったです。

その5カ月後、無事、正式に事務所に所属して、「AJ」（アリス嬢）として活動できることになりました。

やっとアイドルとしての第一歩を踏み出せたのだと、私は誇らしさと希望に満ちあふれていました。

でも、そこでいきなり直面したのは、**「メイドカフェのときのファンが『仮面女子C**

AFE』についてきてくれない！」という事実でした。

これは私にとって、かなり衝撃的なことでした。

メイドカフェのファンの方は「メイドの私」「メイドカフェ」が好きだったのです。

「仮面女子CAFE」は同じ秋葉原だけど、メイドカフェとはまた別の場所にあります。

もちろん何人かは「仮面女子CAFE」にも応援に来てくださったけれど、それは私の予想よりもはるかに少なかったのです。

「あれだけ自分を温かく応援してくれた人たちは、きっと場所が変わっても見にきてくれるだろう」

私としては、なんとなくそう想像していたのですが、そうじゃなかった……。

ステージから、自分のファンのいない会場を見渡して、

「ああ、ここから、またゼロからやり直しなんだ……」

と思ったとたん、なんともいえない寂しさに襲われました。

その後も試練は続きました。

「ＡＪ」から研究生になって「スライムガールズ」というユニットに所属したのですが、そこで新しく楽曲が追加されたとき、私はソロパートをもらうことができませんでした。

悔しくて、かなり落ち込みました……。

ステージの立ち位置はいい位置をもらえていたけれど、思うようなパフォーマンスができず、スタッフさんにも「もっと頑張らないとダメだよ」とダメ出しをされたりもしました。

また「スライムガールズ」に加入してからは休みのない日々が続いたこともあって、体調を崩してしまいました。

そんなことが重なって私は「メンブレ」（メンタルブレイク、精神的にきつい状態）に。

メイドカフェでファンの方々に囲まれて楽しく過ごした、あの頃に帰りたくてたまらなくなったこともありました。

でも、それは私にとって前に進むことではない。
私が今いる場所は、今ここしかない。

そう思って気持ちを切り替えました。このときの経験は今に生きています。
過去を振り返ってばかりいたら、前を向くことはできなかったと思います。
「今ここ」が大事なんです。

思い出は懐かしく振り返ることもあるけど、
過去は振り向かない！

第Ⅱ部

目標を立てる 一歩ずつ前に進む

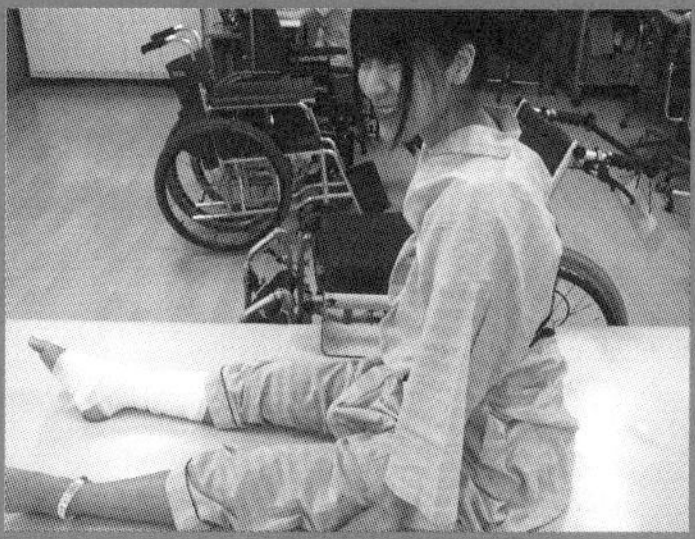

Words of Tomoka Igari

13

目標を立てる／一歩ずつ前に進む

人は目標があるから頑張れる！
目標は何個あってもいい!!
私にはいつも「4段階の目標」がある。

ピンチに陥ったとき、何かを成し遂げたいとき、「目標」があるのとないのでは結果に大きな差が出る。

事故から2週間、やっとケガの状態も落ち着きつつあり、リハビリが本格化してきた頃。

「入院ノート」に今後の目標を書き込みました。

目標を立てておくことで、やっぱりやる気が出るし、今の自分に足りないこと、やるべきことが明確になります。

「復帰」という目標があるから、リハビリも頑張ることができました。

私のやり方は**「大きな目標」（最終目標・私の場合は歩くこと）**をまず立てて、それに向かって何をすべきかを、**「長期」「中期」「短期」**の3つに分けて設定し、**合計「4段階の目標」を立てる**というものです。

目標は時々見返して、必要に応じて修正したり、立て直したりしていました。

ちょっと恥ずかしいけれど、実際に私が立てていた目標はこんなものです。

最終目標
歩く!!（事故に遭う前の今まで通りの生活!!）

長期目標
仕事に復帰！
クリエイター（作詞家として活動）
自立した日常生活

中期目標
身体をやわらかくする
体力をつける
上半身の筋力アップ
生活リズムを整える
鉄分を摂取!!（貧血を治す）
女子力アップ！！！
車椅子スキルアップ！！！

短期目標
一般病棟に移動する！
看護師さんやまわりの人の名前を覚える！

Tomoka's Note

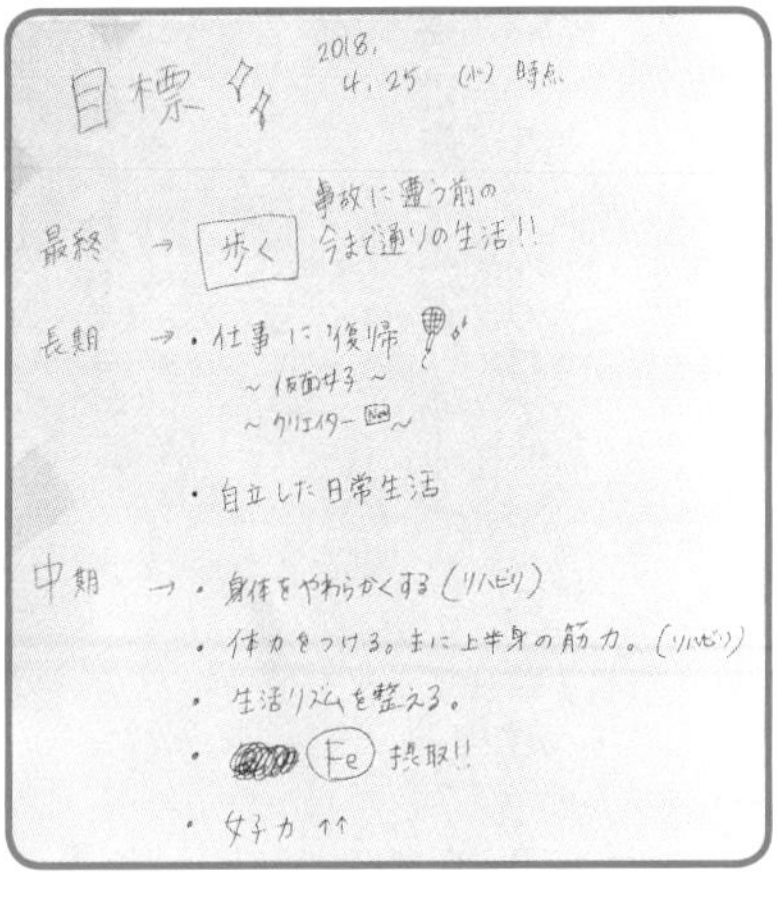

「なぜ目標を立てるクセがついているんだろう……」

と考えてみたら、**管理栄養士の専門学校のときの授業で、**

「長期・中期・短期の目標を立てる」

「必要に応じて見直しをする」

というのをやっていたのです。


正直、学校の勉強はあまりできませんでしたが、習ったことが意外なところで（？）役に立った瞬間でした。

14

目標を立てる／一歩ずつ前に進む

「車椅子で最高の人生、歩いてもっと最高の人生」

もしこのまま治らない可能性が高いなら、
車椅子人生をどう最高にするか、考えなくてはいけない。

自分の脚で歩くことができない。一生、車椅子生活になる……。

私がその事実を知ったのは、事故から1週間ほど経ち、ICU（集中治療室）病棟からHCU（高度治療室）病棟に移った頃のことでした。

最初のうち、このことは私には伝えられていませんでした。

そのときの母と兄とのやりとりは、79ページ（復帰発表ブログ）に記した通りです。

それまでは正直、ことの大きさを理解できていませんでした。

「リハビリを頑張れば必ず治る」とばかり考えていました。

家族も私にそれをいつ告げるか、悩んでいたようです。

ただ、まわりとのやりとりや雰囲気から「もしかして……」という思いが徐々に強くなってきました……。

「治る未来」しか想像したくないけど、もし治らない可能性が高いなら、嫌でも車椅子人生をどう生きていくか、考えなくてはいけないいと思いました。

車椅子でも、幸せになる未来は、きっとあるはず……。
でも、やっぱりそんなの嫌だよ……。

絶望と希望が交錯する中で、いろいろとネット検索をしていたら、木戸俊介さんという方のブログが目に留まりました。
突然の交通事故で半身不随になるも、車椅子で精力的にイベント開催や講演活動をされている方です。

この方の言葉に**「車椅子で最高の人生、歩いてもっと最高の人生」**というものがあり、「ああ、いい言葉だなぁ」と一瞬でひきつけられました。

このままでも最高だけど、歩いたらもっと最高。

今の自分の状態を否定せず、
きちんと認めて、でも満足はしない。

回復して歩くことも決してあきらめない！

今の私にピッタリ重なる心境だと思いました。

そこから私も**「自分の人生を前向きにとらえよう」と、少し視点が変わった気がします。**

「車椅子で最高の人生、
歩いてもっと最高の人生」

入院ノートにしっかり大きく書きました。

私が立ち直るきっかけとなってくれた、大切な言葉です。

15

目標を立てる／一歩ずつ前に進む

「未来の奇跡」を信じながらも、「今の現実」を見つめる。「最良」「最悪」「普通」と3つのケースを想定する。

最悪の状況を想定しておけば、最低限、パニックになることを防ぐことができる。

この先、歩けるのかそうではないのか、事実を知る前に悩んでいたとき、私は**「未来の奇跡」を信じながらも、「今の現実」を見つめて、**次の選択肢を立てました。

①治ることだけを考える（最良のケース）
②治らないことだけを考える（最悪のケース）
③どちらも考える（普通のケース）

そしてそれぞれの場合、どのような未来が待っているのか、何を目標にするべきか、具体的に考えてみました。

だから「歩くことができない」と聞いたときは、
「じゃあ、②のコースでいくんだな」
と、一応は想定内のこととして、**最低限、パニックに陥ることなく、受け止めることができた**ように思います。

もちろん、その後も何度も落ち込んだりしましたが、やはり**最初の衝撃をかわすことができたというのは、とても大きい**ことだったように思っています。

16

目標を立てる／一歩ずつ前に進む

目標を立てたら、そのままにしない。目につくところに貼っておく。目標は、常にリマインド！

病室で思いついた「ポストイット活用法」。途中からホワイトボードも活用するようになった。

目標を立てたのはいいけれど、すぐに忘れてしまったり、立てただけで終わってしまったりするものです。

そこで入院中、**「ポストイット活用法」**を始めました。

ポストイットに「明日の目標」を書いて、ベッドまわりに貼っておくんです。

もともとポストイットは、入院してすぐから、ノートの大事なページに貼るために活用していました。それがだんだん明日のスケジュールや、家族に持ってきてほしいものも書いてベッドまわりに貼っていくようになり、とても便利に使っていました。

何曜日にどのドラマが放送されるのかなども書いていました（笑）。

これに続いて**「目標」も書くようにした**のです。

すぐ目につくから忘れないし、役目の終わったものはすぐ捨てれば、何が残っているか一目瞭然。途中から目標はホワイトボードに書き、見えるところに飾っていました。

「腕、腹筋鍛える」や「肩甲骨、太もも裏をやわらかくする」などといった内容です。

目標を立てたら、そのままにしないで常にリマインド！

「それ、すごくいいですね！」とリハビリの先生にもほめられました。

17

目標を立てる／一歩ずつ前に進む

寝る前に、「明日の楽しみ」と「明日の目標」を書き出すと、明日が「ちょっと特別な日」になる！

ささいなこと、小さなことでも大丈夫。
書き出せば、楽しみが倍増する。

目標といえば、入院中は**寝る前に「明日の楽しみ」や「明日の目標」をメモしていました。**

「明日はお風呂に入れるかも」
「車椅子で洗面台に行って歯磨きをする」
みたいな、本当に小さなことです。

入院して最初のうちは、ベッドの上で歯磨きをして、うがいをしたものは「ガーグルベースン」という容器に吐き出し、それを看護師さんに片づけてもらっていたのです。これと「行うべき場所で行う」のとでは気分が全然違います……。

初めて自分で車椅子に乗って洗面所まで行って、歯磨きができたときは、ちょっと感動しました。

小さなことだけど、そうして目標をひとつずつ達成していくのを楽しみにしていました。

今も、**寝る前に「明日の小さな楽しみ」を頭の中で並べてから寝る**ことが多いです。小さなことだけど、**こうやってリストアップしておくことで、明日が「ちょっとだけ特別な日」になって、ハッピーな気分になれる**んです。

18

目標を立てる／一歩ずつ前に進む

言葉にすると、文字にすると、思いは、さらに強くなる。言葉はチャンスも引き寄せてくれる！

だからこそ明るい言葉、肯定的な言葉を発信したい。

こうして自分の今までを振り返ってみると、本当に**「言葉の力」に助けられてきた**ことを強く実感します。

言葉ってすごく大事です。

言葉にすることで思いが強まるってことありませんか？

たとえば「最近気になる人がいて……」と誰かに話したら、思いが強くなって本当にその人のことを好きになったり。

遊びに行く予定があって「楽しみだね！」と友達と話していると、行くことがもっと楽しみになったり。

言葉にすることで、気持ちも動いてしまう

というところがあると思うんです。

それと同じで、**つらい思いも言葉にすると、倍増してしまいそう**な気がして……。

私の場合、無理やりにでもポジティブにとらえないと、どんどんマイナス思考になってしまって、メンタルが保てません。

だからこそ、**常にポジティブな言葉を発信する**ようにしています。

目標もどんどん言葉に出すことで、実現に向かう

そんな気がしています。

2019年、新年のブログに「番組のレギュラーをとりたい！」という無謀（？）な目標を書いてみたら、早速実現して（NHK『ハートネットTV パラマニア』）、ビックリしたことも！

これからも「言葉のパワー」「言霊」を使って、いろんなチャンスを引き寄せていきたいです！

第Ⅱ部

自分の可能性を信じる
自分に自信を持つ

Words of Tomoka Igari

19

自分の可能性を信じる／自分に自信を持つ

「今、自分ができること」を数えていくと、自信につながる。

「できること」が増えていくことは素直に嬉しいし、自信につながる。
事故からの「リスタート」だからこそ、それが実感できる。

事故に遭って、何もできない状態になったとき、**人生がいっぺんにリセットされてしまった**ような気がしました。

それがリハビリを重ねるごとに、一つひとつできるようになっていきました。**最初に達成感を得ることができた「自分でズボンをはけた」ときのことは、よく覚えています。**

退院後も付き添いなしにひとりで外出ができるようになったり、電車に乗ることができるようになったり、車の運転ができるようになったりと、**できることがどんどん増えていきました。**

ステージでもそうです。

復帰したての頃、私の立ち位置はずっと固定で、ずっと同じ場所にいました。

私を囲むようにまわりが動いてくれていたのですが、それだとどうしてもパフォーマンスが単調になってしまうし、メンバーにも迷惑をかけてしまいます。

「見ているお客さんも飽きてしまうのではないか」と気がかりでした。

でも、ステージでの車椅子の操作がだんだん上手になってきて、自分で動いてフォーメーションに加われるようになったんです。たとえばAメロ（曲の構成の最初の部分）

では左端にいて、サビでは後ろに下がるといった感じです。

私が動きに加わることで、グループとして一体感が出るし、パフォーマンスに変化がついて華やかになります。

自分が上達したなと気付いたのは、復帰して半年ぐらい経ってからです。いつしか**私なりの車椅子でのパフォーマンスができる**ようになっていました。

これはすごく自信になりました。

子どもの頃と違って、大人になると、

「できるようになること」は少ないですよね。


その分、よけいに**「できることが増えていく」「できることが重なっていく」のは素直に嬉しい**のかもしれません。

「今、自分ができること」を数えていくと、
たとえ状況は同じでも、
気持ちが全然違って前向きになれる。

事故からの「リスタート」だからこそ、実感できることです。

「できるようになったこと」

✓4月17日（火）初車椅子！
✓4月19日（木）朝食完食　入院後初めて病院の外に出た
✓4月21日（土）初車椅子ハブラシ（介助あり）
水道が目の前にある感動
✓4月22日（日）それまでスプーンだったのがお箸を使って食事ができた
✓4月23日（月）初めて自分の手の力で座ることができた
&長座とあぐらができた

Tomoka's Note

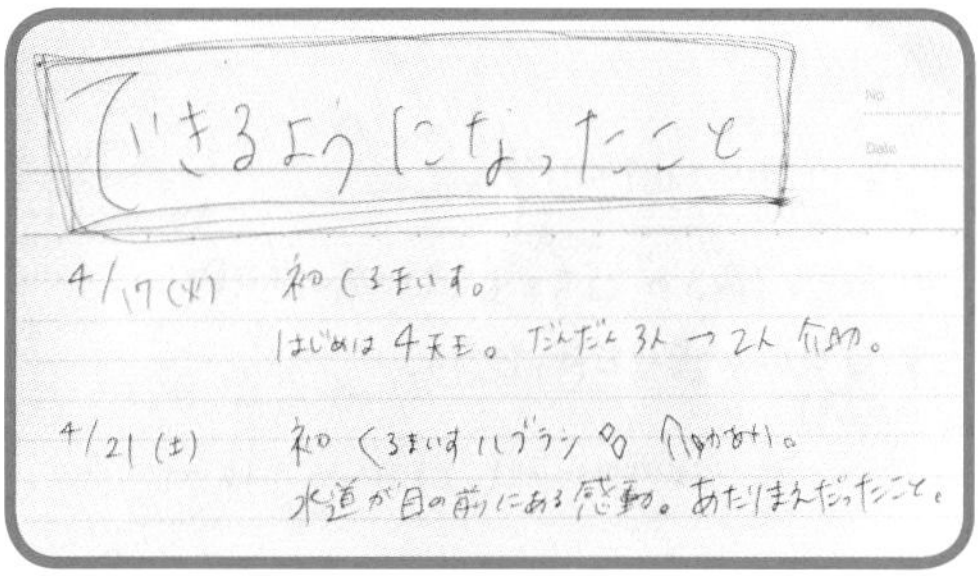

20

自分の可能性を信じる／自分に自信を持つ

「できないこと」「できなくなったこと」ではなく、「できること」にフォーカスする。

脊髄損傷は、同時に「排泄障害」という障害を負うことでもある。
それも「１００％の前向き思考」で乗り越えていくしかない。

「今できること」を数えるというのは、裏返すと**「できないこと」「できなくなったこと」ではなく「できること」にフォーカスする**、ということでもあります。

普段あまりこういう話を赤裸々にすることはないのですが、脊髄損傷を負った私は、脚が動かない、車椅子生活という目に見える障害だけでなく、「排泄障害」という目に見えない障害も同時に負うことになりました。

人間の身体は200～300ミリリットル、膀胱に尿がたまったら尿意を感じるようになっているそうです。

でも、脊髄を損傷した私は、尿意を感じることができません。

だから、3時間、4時間に1回といったように、時間を決めてトイレに行きます。

自分の意志で排泄することもできないので、カテーテルで自己導尿をします。

尿だけでなく、便の排泄にも障害が生じています。

個人差がありますが、私の場合は、朝は最低1時間トイレの時間をとらないといけません。だから、午前中に仕事が入っていると結構大変です。

また、どんな仕事でも、トイレのことを考慮しながら調整しなければいけません。

これも**私が一生背負っていかなければならないことのひとつ**に違いありません。

正直に話すと、尿意・便意を感じられないがゆえに、知らぬ間に漏れてしまうことも稀《まれ》にあるのです。

きっと、**私と同じ障害を持つ人は、みんな同じ悩みを持っている**ことと思います。**「排泄障害は歩けないことより大変」**と言っている人も少なくありません。

実際、私にとっても排泄のリハビリは、じつはほかのどのリハビリよりもいちばん大変！　というぐらいに大変。ブログにはあまり書けなかったけれど、本当に超難関でした。

導尿も最初は難しかったし、うまくいかないことも多かったです……。

トイレで具合が悪くなって吐き気に襲われ、目の前が真っ暗になったこともあります。

座っていることさえつらくなり「早くベッドに行かせてください！　早く！　早く！」と取り乱してしまいました。

でも、それでも日々、練習するうちに徐々に上達していって、自己導尿がうまくいったときは「入院ノート」に**「導尿マスター！」**と大書してしまったほどです（笑）。

この体験を通して気付いたことがあります。

私たちは往々にして、
今の自分では「できないこと」や
「できなくなったこと」に目がいきがちです。

でも、それよりも、
「今できること」「できるようになったこと」に
目を向けるほうが、はるかに大切！

「できること」にフォーカスすれば、**たとえ「できることの数」は同じでも、気持ちは**
全然違ってくるはずです。

21

自分の可能性を信じる／自分に自信を持つ

「人よりすごいものが何かひとつでもあれば、それを武器にできる！」

入院後、すぐにお見舞いに駆けつけてくれた武井壮《そう》さんの言葉。車椅子で活動を始めた私の背中を押してくれた。

入院して1カ月足らずの頃、タレントの武井壮《そう》さんがお見舞いに来てくださいました。

「百獣の王」として知られる武井さんですが、陸上十種競技の元日本チャンピオンで、世界マスターズ陸上の400メートルリレーで世界一に輝くなど、アスリートとしてもすごい実績をお持ちの方です。

仮面女子のプロデューサーである永田さんが武井さんと懇意にしていて、その縁から激励に駆けつけてくださったのです。


このとき武井さんから聞いた話がとても印象的で、心に響きました。


まず武井さん自身のケガの話。

武井さんは十種競技の選手時代に大ケガをして、背骨を傷め、お医者さんから「一生歩けない」と宣告されてしまったそうです。

それでも「ストレスで胃潰瘍になるというのなら、逆も絶対にイケるはず！」と信じて「自分の骨は正常になる」とイメージし、本当に完治させてしまったそうです。

「あっ、そうか、それなら私もいつかは治る！」と素直に思うことができました。

そして芸能生活9年目で花が咲いたという話……。

武井さんはタレントに転向するとき、バーで芸人さんのトークを録音して、それを聞いてマネして喋ったり、合いの手を入れて話術を磨いたそうです。

売れっ子になった今でも、1日3時間、筋トレや自分の知らないことを勉強する努力をされているとおっしゃっていました。

売れるべくして売れた人なんだと思いました。

私の今後についてのアドバイスもしてくださいました。

「何かひとつでも人よりすごいものがあれば、それを武器にできる」

「だから車椅子になったことも、ひとつの武器と思って、それを最大限に活かせばいい」

この力強い言葉は、その後もずっと私を励ましてくれています。

「僕の今の価値は、皆さんからの頂きもの。武井壮のエンターテインメントを面白いって思ってくれる人たちがいてこそ。だから次は僕が贈る番だから」

と、車椅子を贈ると約束してくださいました。

カッコよすぎる言葉にしびれました……。

お会いするまでは、ひそかに「白のタンクトップでいらっしゃるのかな？」と思っていたのはここだけの話です。

あのタンクトップは私服じゃなくて「衣装」だったんですね（笑）。

そしてそれから1年後。

武井さんは本当に、ステージ用の車椅子をプレゼントしてくださいました。

ＬＥＤの電飾がついてピカピカ光るようにしたり、ターンもしやすいように車輪をハの字にしてもらったものです。

２０１９年5月1日、復帰して初のワンマンライブ「仮面女子の世界」で、お披露目させて頂きました。

もちろん、今もステージで使っています。


世界でひとつだけの、私だけの車椅子、私の宝物です。

22

自分の可能性を信じる／自分に自信を持つ

苦手なことを無理に頑張るより、得意なことを伸ばす！「小さな得意」で自分を際立たせる！

全員がセンターになれるわけではない。
自分のキャラを活かして、いかに存在感を示すか。
「セルフプロデュース能力」がとても大切。

仮面女子は20人強、私が所属している「スチームガールズ」は現在9人の大所帯です。その中では、やっぱり特に人気がある子がいます。「ビジュアルメンバー」といって**「メディアに3人出るとしたら、この子とこの子とこの子」**というのが、だいたい決まってしまっています。

私は決してビジュアルメンバーではないし、人気が特別あるほうでもありません。でも、そんな**自分への評価を受け入れて、その現状の中で「自分には何ができるか」を見定めていくしかない**のです。

全員がセンターになれるわけではありません。大勢の中で自分のキャラを活かして、いかに存在感を示すかということが、とても重要になってきます。その意味では、**アイドルは「セルフプロデュース能力」がとても問われる世界**です。

私の場合は**「トーク力を磨いてMCでガンガン攻めていく」**という作戦を立てて頑張っていました。昔から喋ることは好きだったので、そこを活かそうと思ったのです。

具体的にはラジオを聞いてトークの勉強をしたり、ほかのメンバーのトークを聞いて参考にしたりしていました。もう卒業してしまいましたが、当時のメンバーの森カノンちゃんはとても盛り上げ上手で、ＭＣがすごくうまかったんです。だからカノンちゃんのトークはよく注意して聞くようにして、マネもしてみたりしました。

あと、ダンスが決して上手なほうではなかったので、もっと伸ばしたかったのですが、これは練習をしても、急には上達しません。

候補生の頃「どうしようかな……」と悩んでいたら、

「猪狩の笑顔はいいけど、たまにくどい（笑）。表情を豊かにするように工夫してみたら？」

とプロデューサーの永田さんにアドバイスされました。

そこでやってみたのが「ハッピー」「好きです」「不安」といった具合に、歌詞に合わせて表情をさまざまに変えていくことです。

ちょうどそれをやり始めた頃、お笑い芸人のハチミツ二郎さんがライブを見に来てくださったのですが、ライブのあとに、私のことを「あの子はライブ中にいろんな表情をしようとしているのがすごく伝わった」と言ってくださったと聞いて、すごく嬉しかったです。

苦手なことを無理に頑張るより、
得意なことを伸ばす方向性で！

自分の得意なことを活かし、
そこに自信を持って、自分を際立たせるしかない！

これってもしかしたら一般の社会人の働き方にもつながる話かもしれません。

悔しい思いをすることもあるけれど、
現状を受け入れて前に進むしかないんです。

夢中で頑張っているうちに、少しずつグループの中での「自分らしさ」もアピールすることができるようになっていったように思います。

23

自分の可能性を信じる／自分に自信を持つ

思い切ってやれば、案外うまくいく！うまくいかなくてもあきらめずに続ける！

うまくいかずに悔しい思いをしたとき、いつも読み返すブログがある。そこには「続けること」の大切さが記されている。

最近始めたことに「車の運転」があります。

もともと免許は持っていて運転もしていたのですが、ケガをしてからは、今までのようにブレーキやアクセルが踏めません。

でも運転補助装置をつけることで、手だけで運転ができるのです。

運転にあたっては教習もしてもらえます。

補助装置をつける改造費は、自治体から助成を受けられます。車はこの機会に新しく購入しました。

最初の頃は難しくて怖かったけど、慣れるにつれ、意外にもスムーズに運転できて、とても快適。主演させて頂いた映画『リスタート ランウェイ～エピソード・ゼロ』*の撮影でも、自分でスポーツカーを運転しています。

ところが、運転はいいのですが、ひとつ問題が……。

車椅子で車まで行って、ひとりで乗り込むことはできるのですが、**車椅子を車内に積み込むのが大問題**なんです。

車椅子をリフトで釣り上げて収納してくれる装置もあるのですが、収納するボックスが外付けになるものが多いし、私は自分で頑張りたかったので、つけませんでした。

＊映画『リスタート ランウェイ～エピソード・ゼロ』 猪狩ともか初主演映画。車椅子で生活する車おたくのひきこもり女子・ヒナタ（猪狩）が、ある日納屋に眠る1台のスポーツカーを見つけたことをきっかけに車椅子から車へと乗り換え、新しい人生を切り開いていく感動ストーリー。

自分で車内に積み込むやり方は、まず車椅子の車輪を片方ずつ外して積み込み、最後は本体を「エイ！」と持ち上げて助手席に移動させます（私が外出用に乗っている「固定車」タイプの車椅子の場合です。やり方は車椅子の種類や人によって違います）。**車椅子の重量は12キロぐらいある**のでかなり力がいるし、手順にもコツが必要です。最初のうちはもう全然できなくて、落ち込みました。


こういうとき、もちろん私の心にはマイナス感情が湧いてきます。

「なんで私だけがこんな思いをしなきゃいけないの……」

「以前なら、何でもないことなのに……」

でも、そのときふと思い出して、リハビリ中のブログを読み返してみました。


昨日リハビリ関連でうまくいかないことがあって「もうやだ〜」っていっぱい泣いたんだけど、今日もその時間はやってきて……。

「はぁ……いやだな……。怖いな……」って思っていたけど、思いのほかうまくいって、今とてもＨａｐｐｙな気持ちです!!

思い切ってやってみれば、案外うまくいく！

そう、あのときもリハビリでうまくいかなくて、悔しい思いをしていました。
でも、**うまくいかなくても、あきらめずに続けていたら、最後はうまくできた**のです。

それを思い出したら、**再度「チャレンジしよう」という勇気**が出ました。
何度も何度もやっているうちに、どうにかこうにかできるようになり、今も上手ではないけれど、時間をかければなんとかできています。これができたら、ひとりでお買い物も映画も友達と会うのも、どこでも行けるようになります。

うまくいかなくても、あきらめずに続ける！

「自分でできる」ってすごい自己肯定感です。
「あきらめなくてよかった」と心から思います。

24

自分の可能性を信じる／自分に自信を持つ

「続けてたら、なりたい自分になれるんやで」

思い出づくりをするためにアイドルになったわけじゃない！
続けなかったら、ここで終わり。
なりたい自分になるために、何があっても続けよう！

第I部でも書いたように、私は候補生になってから仮面女子になるまで、3回にわたって日の目を見ることができませんでした。特に3回目は絶対に昇格するつもりでいたから、ダメだと知ったときの落胆はすごく、大号泣してしまいました。

「今度こそは」と思ってチャレンジしたのにダメだった……。

糸がプチッと切れたように気が抜けてしまい、私は本気で辞めようと思いました。

でもそんな私に声をかけてくれたメンバーがいました。

「まいぷぅ」こと、水沢まいちゃんです。

もう卒業してしまいましたが、まいぷぅとはいちばん長く一緒に時間を過ごした気がします。ほぼ同時期に候補生ユニットの「ＯＺ（オズ）」に加入し、同い年ということもあってか、いつしか何でも話せる仲になりました。

いつもお互いにいろいろな相談をし合っていました。

というより、私が泣いているのを慰めてもらうことが多かったかな……。

あの日、泣き崩れ、辞めることしか頭になかった私に、まいぷぅはこんな言葉をかけてくれました。

「続けてたら、なりたい自分になれるんやで！」

その瞬間は誰のどんな言葉も聞き入れられなかったけれど、冷静になったとき、その言葉を思い出してハッとしました。

心にストレートに刺さる、とても強い言葉でした。

そうだ、続けなかったら、ここで終わり。
そしたら今までのことは、ただの思い出になってしまう。
私は思い出づくりをするために
アイドルになったわけじゃない！
なりたい自分になるために、何があっても続けよう！

そう思いました。

まいぷぅのこの言葉がなかったら、今の私はなかったかもしれません。

第 II 部

今を生きる
日常を楽しむ

Words of Tomoka Igari

25

今を生きる／日常を楽しむ

「朝食完食」という快挙！
お粥じゃなくて、ご飯が食べられた！
幸せは日常にある！

私の得意なことは、日常の「小さな幸せ」に気付いて、それを楽しめること。
車椅子生活の中にだって「幸せ」はたくさん転がっている。

「猪狩さんは、なぜいつもそんなに明るくて元気なんですか？」とよく聞かれます。たしかに大事故に遭い、大きな障害を負いはしましたが、入院中も楽しく過ごしていましたし、退院後の今も大変なことは多いけれど、毎日とても充実しています。

自分ではこれが普通なので、なんとも思ってなかったのですが、今回よくよく考えてみたら、ひとつ思い当たることがありました。

私、「日常の小さなこと」に喜びを見つけ、ささいなことを楽しむのが得意なんです。

たとえば、入院中にノートに記していたのは、こんなことです。

- **「朝食完食」という快挙を成し遂げた！**
- **身体を起こした状態を長く保てた！**
- **ドクヘリ（ドクターヘリ）を近くで見られた！**
- **お粥じゃなくて、ご飯を食べれた！**
- **初！　ひとりで病院の敷地内を散歩！**

・祝！　温泉ツアー！

「温泉ツアー」というのは、もちろん病院を抜け出して本物の温泉に行ったのではありません（笑）。

入院して10日目ぐらいに、病院内のお風呂に初めて入れたことが嬉しくて、勝手にこう呼んでいただけです。

それまでは傷の状態などの関係で、看護師さんに身体を拭いてもらう程度で、お風呂にずっと入れなくて、つらかったから……。

だから、お風呂の許可が出たときはもう嬉しくて、

「レッツゴー！　温泉！」

とウキウキしながら入りました。

久しぶりに入ったお風呂の気持ちよさ！
あの感動たるや、すごかったです。

そして「ドクターヘリ」。

病院の敷地内にヘリポートがあり、それを近くで見たくて仕方ありませんでした。

車椅子で外を散歩できるようになってから、そばまで行って見たときはすごく嬉しかったです。

飛び立つ瞬間を見ることができたときも、すごくカッコよくて感激しました。

こうやって**日々のささいなことを楽しむクセがついている**ことに、本書を書きながら初めて気が付きました。

26

今を生きる／日常を楽しむ

ヒマ、ヒマ、ヒマ！
でも、ヒマはいいこと！

入院中、時間を持て余したときに気付いたこと。
ネガティブをポジティブに変換する逆転の発想。

入院中、ケガが回復してきて、まだリハビリが本格化していない頃は、とにかく時間を持て余しました。ヒマヒマヒマ、ヒ〜〜マ〜〜〜！！！　みたいな（笑）。「早くお見舞いの時間にならないかな〜」と待ちわびたり、することがないから意味なく自撮りしてみたり……。

でも、そのとき気付いたこと。

ヒマは、苦しい時間、痛い時間が減ってきた証拠！

入院して最初のうちは苦しかったり、痛かったりして、ヒマだなんて思える状態ではなかったから……。

ヒマ、ヒマ、ヒマ！
でも、ヒマはいいこと！　元気な証拠！

「ヒマだな」という思いがよぎったら、
痛みも苦しさもない時間の大切さをかみしめるようにしています。

27

今を生きる／日常を楽しむ

やっぱり乙女なことをしないと、楽しくない！！！オシャレがないと、女子として楽しみがない（涙）！

入院中もスキンケアをしたりヘアメイクを楽しんでいた。ちょっとオシャレするだけで、気分がぐんと上がる。

入院中、メンタルも体調も徐々に元に戻ってくるにつれて、

「乙女なことをしたい！」

という気持ちがふつふつと湧いてきたのには我ながら驚きました。

人間の回復力ってすごいですね。

10日目ぐらいに姉が買ってきてくれたリップティント（口紅）をつけてみました。
唇の色がいいだけでも、顔色が全然違うんですよね。
女性の看護師さんはみんな気付いてくれました。嬉しかった。
そこからは、どんどん欲が湧いてきて……。

- 編み込みもしたいし、やっぱりアイロンもしたい。せめて前髪だけ、前髪だけ……
- メイクしたい！
- カラコンしたい。でもこれを機会に裸眼女子になるのも手かも……
- 美容室行きたい！

・マツエクしたい！
・エステ行きたい！

思いつくままに、「やりたいこと」をいろいろノートに書き綴っていました。

やっぱりオシャレがないと、女子として楽しみがない……！

ちゃんとしたメイクはできなかったけれど、リップと眉毛がちゃんとしていれば、なんとなく顔は成立するので満足（笑）！

あと、じつは前々からずっと大人ニキビに悩んでいて、皮膚科に通ったり、市販の塗り薬を塗ったりしていたのですが、一向によくならなくて……。

スキンケアと食事を見直すことで多少改善されたのですが、**入院中、さらに肌がきれいになったの**です！　これはすごく嬉しかった。

・肌を休ませる（メイクができないので基本的に毎日すっぴん）

・バランスのいい食事を3食とる
・睡眠をたっぷりとる

この3つがよかったのだと思います。


スキンケアも入院中、頑張っていました。

病室で私がフェイスパックをしていると、看護師さんが、

「さすが仮面女子！」

と声をかけてくるので、そのたびに笑えて、傷が痛くて困りました（笑）。

「入院中もお仕事ですね！」

「それは『商売用のマスク』じゃないよね？」

と「商売用」という言い方をされたのも面白かったです（笑）。

28

今を生きる／日常を楽しむ

「自分が今いる場所を好きになること」それが、私の最大の特技！

入院中は、同室の人とも積極的に交流して、みんな仲良しに。病室はまるで、みんなで旅行に来ているような、にぎやかさだった。

手術直後はＩＣＵ病棟で治療を受けていましたが、その後、ＨＣＵ病棟に移りました。

部屋は６人の大部屋でした。

同室の人は70代以上の方、90代の方が多くいました。もしかしたら、自分のおばあちゃんより上の世代の方も。

最初は「皆さんとどう接すればいいのかわからない」というか「そもそもあまり交流することもないのかな……」と考えていました。

でも、いざ入室してみると、**あっという間に皆さんと仲良くなることができました**。

Ｆさんという90代の女性がいらしたのですが、この方の天然発言が面白くて……。

たとえば、同室の患者さんふたりの心電図のピコピコ音が一瞬重なったことがあったのですが、それを聞いたＦさんは**「あら～、ふたりは親せきなの？」**と。

面白くてすぐ家族にメールで知らせてしまいました（笑）。

みんなで一緒に童謡を歌ったり、世間話で盛り上がったり……。

毎日話が楽しくて、入院患者ではなく、まるで観光客のような感じでした。

同室の皆さんとたくさんいろいろな話をして、いっぱい笑っていると、自分が心身ともに回復していくのがよくわかりました。

どなたかおひとりでも、具合がよくないなどの事情で、ベッドまわりのカーテンが引きめぐらされていたりすると、とても寂しい気持ちになりました。

逆に、「**私もあなたのような若い人と一緒にいると、元気が出てくるわ**」と言ってくださると、すごく嬉しかったです。

私のいちばんの特技は、

「自分が今いる環境」を好きになること。

改めて確信しました。

1日でも関わりを持つと、その人のことが好きになってしまうのも私の性分です。

「一期一会」という言葉があるけれど、

一度きりは寂しい……。

今でもたまに「元気にしているかな？」と、HCU病棟で共に過ごした皆さんのことを思い出します。

楽しいことばかりでなく、切ない思いもしました。

同室に60～70代の女性で、事情はよくわからないけれど、意識不明でずっと寝たきりの方がいらっしゃいました。

その方の旦那さんが毎日来て、一生懸命マッサージをしたり、身体を拭いてあげたりしているのです。

「意識が戻りますように……」

心の中でずっと願っていました。

29

今を生きる／日常を楽しむ

「自分のお城」を築いてしまえば、どこだって居心地のいい快適空間になる！

入院中、ベッドのまわりを自分が居心地のいいようにカスタマイズしたら、毎日が快適になった！

先ほど「私の特技は、『自分が今いる場所』を好きになること」と書きましたが、それは対人的なことだけでなく、環境的なことにも言えます。

環境を整えることで、
その場所を好きになっていくのが得意なんです。

入院したとき、自分のスペースと言えるのはベッドと付属のテーブル、小さなロッカーだけ。この無機質な場所を、**どんどん自分好みにカスタマイズして、「自分のお城」を築いていきました。**

まずは母に、100円ショップで売っているプラスティックのボックスとS字フックを買ってきてもらいました。S字フックはティッシュの箱に穴を空けてつるしたり、箱はペン立てにしたり、コスメセットを入れたりと、大活躍。

前に書いた**「ポストイット&ホワイトボード活用法」もカスタマイズのひとつ**です。

ベッドまわりにはファンの皆さんの写真や、届けられた千羽鶴も飾っていました。

個室に移ってからは、もっと自由に私物を置きましたが、

「湿度調節はちゃんとされているから、加湿器はいらないでしょ」

「机の上に物がありすぎて、ご飯が置けない！」

と看護師さんに怒られたことも……（笑）。

ライオンズの選手から頂いたサイン入りユニフォームや色紙も飾りました。

こうやって**どんどん「自分のお城」が完成していくにつれ、無味乾燥だった病室が、どんどん居心地よくなっていく**のを実感。

リハビリや外出から帰ってくると、**「自分の部屋に帰ってきた！」**みたいな感じでホッとする空間になっていました。

父も**「ここに帰ってくると落ち着くなぁ」**と言っていました。

入院生活を楽しく過ごせたのは、この「お城」のおかげもあったと思います。

どうせしばらく滞在するなら、自分好みの住環境のほうがいいですよね。

退院するときは寂しくて……去りがたかったです。

第Ⅱ部

夢を見つける
夢を叶える

Words of Tomoka Igari

30

夢を見つける／夢を叶える

夢を語るって大事！
眠れない夜は、夢を語る！

事故に遭って間もない頃の眠れなかった夜、
プロデューサーと、「エンターテインメント」について朝まで熱く語り合った。

「今後の人生で歩くことができない」という事実を知った頃のこと。

昼間は人と接しているので大丈夫だけれど、やっぱり夜はつらいときがありました。

消灯時間を過ぎ、薄暗い病室のベッドでひとり。

「私、これからいったいどうなってしまうんだろう……」と考え込んでしまったり、落ち込んだり……。

そんな夜に私に付き合ってくれた方がいました。

仮面女子のプロデューサーの永田さんです。

眠れないまま、なんとなくメールのやりとりをしていたら**「復帰したらどうする？」**という話になってきて……。

「復帰したらワンマンライブをやりたい」

「演出にも関わってみたい」

「もし演出をさせてもらえるなら、あんなことやこんなことをしたい」

「これから何がしたいか」「車椅子でパフォーマンスするとしたら、どんなことができるか」というように、どんどん前向き思考になっていました。

「最初から全曲出るのは無理かなぁ……」
「ラストブロックだけ合流するとか?」
「ピアノの弾き語りをやってみるのもいいかも?」

いろいろ考えていたら、どんどん楽しくなってきている自分にビックリしました。

「根っからのエンターテイナーだな、猪狩は」

このとき永田さんがかけてくださった言葉です。

やっぱり私の原点は「人を楽しませたい」ということ。

車椅子になってもアイドルであり続けたい!
みんなに前進していく私の姿を見てもらいたい!

気が付くと明け方になっていました。

落ち込んでいたはずなのに、いつの間にか全身にパワーがみなぎって来ているのを感じました。

夢を語るって大事！

明け方まで付き合ってくれた永田さんに感謝です。

このとき、病室のベッドで夢見ていたことは、実際に2019年5月1日のワンマンライブで現実となり、とても感慨深かったです。

31

夢を見つける／夢を叶える

「羽生結弦選手に会いたい！」「お肌の若返り！」「出張シャンプーしてもらう」「事故のことを本にしたい」――言うだけならタダなので　いろいろ言ってみるリスト

病室でつくっていた「夢のリスト」。
「絶対無理！」みたいな願望も、書き出していると楽しくなってくる。

入院中、「不幸中の幸いリスト」とは別に、ひそかに記していたリストがあります。

「言うだけならタダなのでいろいろ言ってみるリスト」

です。これも入院後、すぐに書いていました。

「こうなったら最高だけど、さすがに無理かな」
「ちょっと図々しすぎる？」
「頑張れば叶うかも！」
「これはすぐできそう」

などなど、**思いつくままに何でもかんでも書き込んだリスト**です。

ちょっと無謀なことも、実現しそうにないことも、自分のやりたいこと、欲しいもの、こうなったらいいなと思うことも、好きなだけ書いてみました。

不思議なことに、**「絶対無理！」みたいな願望も、書いているだけで、なんだか楽しくなってくる**んです。

ちょっと恥ずかしいですが、そのとき私が書いたものを思い切って公開します。

こうやって見返してみると、本を出版できたり、ライオンズの選手とお会いできたりと、**「とても無理そう」「遠い話」と思っていたことも叶ったりしているから不思議**です。

「夢が見つからない」という方の声をよく耳にします。

そういう方はもしかしたら、**「こうなりたいな」という思いがあっても「無理だから」と最初から否定してしまっている**のかもしれません。

どんな実現不可能そうな夢でも、書き出す分には自由だし、誰にも迷惑がかかりません。

意外と楽しい作業なので、皆さんも是非やってみてくださいね。

「言うだけならタダなのでいろいろ言ってみるリスト」

- ✓羽生結弦選手に会いたい！
- ✓お肌の若返り！
- ✓劇場付近に別荘を持ちたい
- ✓PASMOのオートチャージ
- ✓週1でトリートメント

✓仮面女子の立ち位置を2列目に（ずっと3列目だったので）
✓リキ（亡くなってしまった愛犬）に会う
✓菊地最《も》愛《あ》ちゃん（BABYMETAL）に会いたい
✓全身脱毛（笑）
✓事故のことを本にしたい
✓メットライフドームでワンマンライブをしたい
✓ライオンズの選手がお見舞いに来てくれる！
✓出張シャンプーしてもらう
✓出張マツエクしてもらう

32

夢を見つける／夢を叶える

努力しても、報われるかどうかわからないけど、努力しないと意味がない！

人気によって、立ち位置や歌のパートも決まってしまうのがアイドルの世界。
いつも最後列だった私。
その中で「折れない心」を保つための「言葉」があった。

長い下積みを経てやっと仮面女子（スチームガールズ）になれた私ですが、立ち位置はずっと最後列の3列目でした。決して目立つ場所ではありません。

もちろん仮面女子としての活動はとても楽しかったけれど、**「もっと前に出ていきたい」**という気持ちは常にありました。時々メンバーの欠員があって2列目になるときもあったのですが、そうすると、やっぱり**ステージから見える「景色」が違う**んです。

アイドルはシビアな世界です。人気が数字の指標となって判断されてしまい、それがダイレクトに「自分の評価」として突き付けられます。

仮面女子も、劇場の動員数や公式サイトの推しメン登録数など人気がランキング形式で表されることが多く、それらは**ステージでのポジションを決める判断材料となります。**

そもそもこの世界は、**どんなに努力しても、それで売れるわけではありません。**

その中で**「折れない心」を保つということも、私たちにとってすごく重要**なことです。

でも、だからといってあきらめてしまったら、何も起こりません。

まず一歩を踏み出さないことには、何の結果も手にできないのです。

だから何度も自分に言い聞かせました。

努力しても報われるかわからないけど、
努力しないと意味がない！

33

夢を見つける／夢を叶える

あきらめてしまえば、ただの思い出になってしまう。

あきらめずに続けてきたから、今の私がいる。
苦しかった見習い生時代の動画を見て、自分を励ました。

第I部でも書いたように、私は候補生になってから仮面女子になるまで3回にわたって日の目を見ることができず、4回目のチャレンジでやっと昇格することができました。特に3回目は絶対に昇格するつもりでいたので、ダメだと知ったときの落胆は大きく、号泣してしまいました。

このときの動画がYouTubeの仮面女子のチャンネルにアップされていますが、取り乱して号泣する姿は今見ても恥ずかしく、いたたまれない気持ちになります。

仮面女子になりたくて、なれなくて。見習い生、研究生、候補生として過ごした約3年間。常に何かに追われているような、焦りをずっと感じていました。

あきらめてしまえば、
今までのことは、ただの思い出になってしまう。

「思い出づくりをするために
アイドルになったわけじゃない！」

そう自分を奮い立たせ、あきらめずに続けたから、今の私があると思っています。

34

夢を見つける／夢を叶える

夢を叶えることができたら、苦しかった日々は全部、「それまでに必要だった過程」になる。

入院中、苦しかった過去の動画を見て、自分を励ましました。
苦しいときこそ「成長のチャンス」。

入院中、YouTubeに上がっている限りの自分の動画を見て、今までの歴史を振り返りました。

自分の過去を振り返ってみて思ったのは、**どんな経験も無駄にはならない**ということ。組閣に落ちて「悔しい」なんて言葉では簡単に表せないほどの思いから、再び立ち上がることで、私はそれまでの自分よりほんの少し、強くなることができました。

このときに強くなれていなかったら、入院生活を乗り越えることはできなかったかもしれないと思うほど、**3回目の組閣は私を変えた大きな出来事**でした。

あきらめず、夢を叶えることができたら、
苦しかった日々は、「それまでの必要だった過程」になるんです。

そして**「きつい」「つらい」と思っていた時期も、振り返ってみたら「なんだかんだ楽しかったなぁ」なんて思えたりする**ものです。

振り返ってみると、そういうことって結構ありませんか？　だったら、

苦しいときこそ「成長のチャンス」と思って、
無駄にしない！

35

夢を見つける／夢を叶える

泥水すすって雑草魂で頑張る！
それでこそ
最強地下アイドル仮面女子！

年齢がいっていても、才能がなくても、
あきらめずに夢を叶える！
これこそが仮面女子の魂。

仮面女子は今でこそ、皆さんに広く支持して頂けていますが、もともとは**「超マイナーな地下アイドル」からスタート**しています。

第I部でも書いたように、ほかの事務所のオーディションに何度も落ちたり、「使い物にならない」などとひどい言葉をかけられたり、事務所に所属できてもレッスン料ばかりとられて詐欺みたいな目に遭ったりと、そういう子たちが流れるように集まってきたのが、仮面女子の事務所（アリスプロジェクト）でした。

そうした子たちを売り出すにあたっては、**「個々のポテンシャルは決して高くない」ということで「全員で仮面をかぶってパフォーマンスする」という演出**になったのです。

ライブを始めた当初は「仮面女子メンバーの数よりも観客のほうが少ない」なんてことも普通にあったそうです。

やっと少しだけ世間に知られるようになっても、

「なんだあれ、変な仮面かぶって」

「アイドルのくせに気色悪い」

といったような冷たい目を向けられ、色眼鏡で見られていました。

それが、いろんなところで地道にライブを重ね、確実に実力をつけていくことで、徐々に認めてもらえるようになったという経緯があります。

私はすでに人気が出ていたところで加入したので、先輩たちの苦労は実際には知らないけれど、今も仮面女子にはこの**「雑草魂」**が脈々と息づいています。

だからみんな根性があるし、**「ちょっとやそっとのことではあきらめない」というメンタルの強さ**があります。

メンバーの中には、アリスプロジェクトで活動しながら東大に合格し、東大生アイドルとして活動していた子（元：桜雪ちゃん、現：渋谷区議会議員 橋本ゆきちゃん）もいれば、総合格闘家としても活動している子（川村虹花《なな か》ちゃん）もいます。

私も仮面女子になるまで、「アイドルを続けるのは、もうあきらめよう」と何度も思いましたが、そのたびに**「雑草魂」でサバイバルしてきました。**

年齢がいっていても、才能がなくても、踏まれても、絶対にあきらめない！

それこそ、泥水すすって雑草魂で頑張る「最強地下アイドル」の仮面女子にピッタリの生きざま。

そう思って必死に食らいついてきました。

この、仮面女子の「雑草魂」もまた、私がケガを乗り越えるひとつの糧となってくれたと思っています。

36

夢を見つける／夢を叶える

本当につらいときは、過去の挫折体験を思い出す。つらい経験は、いつか「未来の私」を救ってくれる。

今までだって何度も険しい道を乗り越えてきた。
だから、この先も絶対、大丈夫！

事故に遭い、絶望したとき、私を救ってくれたひとつは「人からもらった言葉」、もうひとつは「自分の経験」だと思っています。

本当につらかったとき、過去の自分の挫折体験を思い出して、

「今までだって何度も険しい道を乗り越えてきたんだから、この先も絶対、大丈夫！」

と自分に強く言い聞かせることができました。

今はまだわからないけれど、今回の事故、脊髄損傷という体験も、**私を強くしてくれた経験として、きっといつか「未来の私」を救ってくれる**と思っています。

これ以上つらい出来事はきっともうないだろう、くらいにも思っています（笑）。

つらいことがあっても、いつか必ず「あのときは大変だったね」と笑顔で語っている自分がいると思います。

この先も、何があっても大丈夫！
きっと乗り越えられる！

37

夢を見つける／夢を叶える

悔しい思いをたくさんするほど、成長できる。挫折するほど、強くなれる。

悔しい思い、つらい思いをたくさんしたからこそ、人生最大のピンチから立ち直る強さを持てた。

オーディションに合格できず「見習い生」から始めた私。
候補生時代、何度挑戦しても仮面女子に昇格できず、取り乱して泣きじゃくった私。
立ち位置が最後列のはじっこで悔しい思いをした私。
落ち込んで、心がすさんで、ＳＮＳに意味不明な書き込みを続けてしまった私。
心の病気になって、ついには休業に追い込まれた私。
やっと仮面女子に昇格するも、ずっと最後列だった私。

アイドルは明るく華やかに、ファンに夢を与える存在であるべきだと思います。
でもそのステージの裏で、私もそれなりの挫折や苦難を経験してきました。

人気も実力も兼ね備えたキラキラしたアイドルではなく、落ちこぼれの劣等生アイドルだったからこその、つらい思いもいっぱい味わってきました。

本来、このような裏側は見せるべき、話すべきことではないのかもしれません。
でもひとつ言えるのは、こうした**挫折や病気の体験は、本当につらいものではあったけれど、確実に私を強くしてくれた**ということ。

夢を追うことは、楽しいことばかりじゃない。
苦しいことも悔しいこともたくさんある。

でも人は、悔しい思いをして強くなる！

とはいえ、自分が努力家かといったら、それどころか逆に怠け者だし、まだまだ全然足りないと思っています。

私にいいところがあるとしたら、
あきらめずに、続けるということだけ。

これからも絶対にあきらめずに、
夢を追っていくつもりです。

第Ⅱ部

心を強くする
メンタルを守る

Words of Tomoka Igari

38

心を強くする／メンタルを守る

メンタルが弱いからこそ、どんなときでも「（笑）」を忘れない。「1日1（笑）」を毎日の目標に！

「山Pみたいなドクターいた？（笑）」

事故後、初めて会った姉の言葉に、思わずふき出す。

メンタルが弱いからこそ、どんなときでも「（笑）」を忘れない。

「山Pみたいなドクターいた？（笑）」

第I部にも書きましたが、事故の翌日に会ったときの姉の言葉です（笑）。思わず笑ってしまい、それだけで重苦しい気分が少し変わりました。

笑いの効用ってすごいですよね。

私は前にも書いたように、メンタルは決して強くありません。でも**メンタルが弱いからこそ、つらいことがあったら、それを逆に笑い話にしたい**タイプなんです。

だってつらいことがあったときに「つらい」「悲しい」と言っていたら、ますます落ち込みそうだから……。

「（笑）」を忘れないことで、その事柄から、ちょっと離れて、客観的に見ることができ、感情におぼれないでいられる。

そんな気がしています。

だから入院中のブログもそうでしたが、つらいことがあっても絶対に明るく、できるだけ「オチ」をつけるように心がけていました。

メンバーの楠木まゆちゃんがお見舞いに来てくれたときに、

「猪狩ちゃんのブログ、毎回オチがあって面白い！」

と言ってもらえて嬉しかったです。

この間も、マネージャーさんが車で自宅まで迎えに来て、そこから打ち合わせ場所に向かうはずだったのですが、なんと「渋滞に巻き込まれて遅れている」という連絡が入りました。このままでは打ち合わせに間に合いません。

急きょ自分で電車で向かい、マネージャーさんと合流して無事、打ち合わせに間に合いました。

ちょっとバタバタだったけれど、ひとりで電車に乗ることができるようになっていてよかったなぁと思いました。

メールで平謝りのマネージャーさんに、

「案内してくれた駅員さんがイケメンだったから許します」
と返信（笑）。

普通に「全然大丈夫です」と送るより、**やっぱり一笑い入れたほうが場が和むし、相手の気持ちもきっと軽くなる**と思うんです。

笑いって大事。

「1日1（笑）」を毎日の目標に！

39

心を強くする／メンタルを守る

嫌なことがあったときは、現実逃避したっていい。私も、つらいときは趣味に逃げる（笑）。

どうしてもつらいときは、現実逃避をしてもいい。つらいことに意識を向けない工夫も大事。

つらいことや嫌なことがあったとき、皆さんはそれについてずっと考え込みますか？　私は現実逃避するタイプです（笑）。

メンタルが弱いから、そのことについてずっと考えていたら、身が持たなくなってしまうんです。

落ち込んだり、嫌な気持ちになったときは、すぐにアニメを見たり、ドラマや映画を見て、趣味に逃げます。

違うところに意識を向けることで、つらいことを考えるヒマがなくなるから。

考え込んだり、悩んだりすることで解決策が見つかる問題ならいいけれど、そうでない場合は、考えても無駄ですよね……。

でも、どうしてもそのことが頭を離れないことも……。

そういうときは、**嫌な気持ちになっている時間を減らす工夫も大事**なのかなと思います。それが私にとっては「趣味」なのです。

そういう意味では、趣味があってよかったなと思います。

私はライオンズの大ファンなので、ライオンズの試合は時間の許す限り観ています。入院中もパ・リーグ.comの配信で観るか、ラジオで聴くかでチェックしていました。入院1日目の夜もラジオで野球中継を流してもらったくらい。便利な時代に感謝です。

アニメやドラマを見るのも大好きです。

入院中に『**コード・ブルー**』を全編見返した話はしましたが、ほかにも『**おっさんずラブ**』『**あなたには帰る家がある**』『**ラブリラン**』『**花のち晴れ〜花男 Next Season〜**』、アニメは『**メジャー**』『**斉木楠雄《さいきくすお》のΨ難《サイなん》**』などたくさん見ていました。

映画もよく見ます。家のテレビやスマホでも見るし、映画館で見るのも大好きです。『**僕だけがいない街**』『**君と100回目の恋**』『**本能寺ホテル**』みたいなタイムスリップ系が大好物です。でもコメディや感動ストーリー、ラブストーリーも好き。

今も時間さえあれば映画館に行きます。映画館も車椅子スペースを完備しているところが増えているので、気軽に行くことができます。

また、**最近ハマっているのが寺社巡り**。

お寺や神社はバリアフリーからかけ離れているイメージがありますが、今は階段だけでなくスロープのあるところや、砂利道ではなくフラットな参道の寺社も少なくありません。そんな場所をネットの情報で見つけては、友達と車で回っています。

今まで行った中では、埼玉県秩父市の**「秩父神社」**や、東京都府中市の**「大國魂《おおくにたま》神社」**などがバリアフリー度が高い神社で、とても素敵でした。

もともとアウトドア派だから、外に出るのは気分が上がります。御朱印を集めるのも楽しみです。

趣味を楽しむことでリフレッシュできるし、また日常に戻ったときに、「いろいろ頑張ろう！」と前向きになれる気がします。

思えば、なかなか仮面女子に昇格できなくて焦っていた候補生時代も、行き帰りの電車の中でアニメやドラマを見ることで、気持ちを切り替えていました。

単純なことかもしれないけれど、**「趣味が私を救ってくれた部分はすごく大きい」**と思います。

40

心を強くする／メンタルを守る

1日1回くらいは涙を流すのもいいかも。マイナス感情に素直になる時間だって必要。

車椅子になって、やっぱりイライラすることは、たくさんある。本当につらいとき、ストレスがたまったときは、我慢せずに発散する。

本書のタイトルは『100%の前向き思考』ですが、本当のことを言うと、

私だっていつもいつも
「100%の前向き思考」ができているわけではありません。

事故という人生を揺るがす大きなショックからは、家族やまわりの支えもあって立ち直れましたが、**障害というのは終わりはなく、私にとってずっと抱えていくもの**です。

今でもステージに立つと**「自分の脚でステップ踏んで踊りたい！」**とやっぱり思うし、車椅子での電車移動が大変だったり、仕事で行った先がバリアフリーでなくて苦労したりとか、**ストレスがたまったり、落ち込んだりすることもあります。**

駅から目的地まで「出口直結」なのに、そこの出口は階段しかなくて、ほかの出口から遠回りしなくてはならなくて悲しくなったことも……。

外に出るようになった頃のことですが、どうしてもハンバーガーが食べたくて近くのファストフード店に入ろうとしたら、大きな段差があって入れないことがありました。

「じゃあ、別の店に行こう」としたら、そこも階段しかなくてダメ。

また別の店もダメ……ということが続いて、とてもショックでした。

そういう意味では、入院中よりも、退院してからのほうが不便を感じるというか、ストレスが多いかもしれません。

病院は設備が整っているし、看護師さんやほかの皆さんも慣れているので何か助けてほしいことがあるとすぐに汲み取ってくださいましたが、日常生活ではそうもいきません。

ストレスがたまったり、イライラしてしまうときはどうするかというと、私の場合、**ためずに発散してしまいます。**

ためておくと、おかしくなってしまうからです。

家族や仲のいい友達とか、**人に話を聞いてもらって、こまめに発散し、ため込まないようにします。**

別にそこで有効な解決策やアドバイス、いい答えがもらえなかったとしても、**とにかく人に聞いてもらえば、それで気持ちが落ち着く**んです。

特に家族にはイライラしたときにそれをぶつけてしまったり、わがままを言ってしまうこともあって、申し訳ないと思っています。

でも家族だから……と甘えてしまっている自分もいて、そこは反省もしています。

泣くこともあります。泣くとスッキリしますよね。

入院1日目の夜に「どうしてこんなことになっちゃったんだろう……」と悲しくなって泣いてしまったときも、看護師さんから**「涙を流すのはいいことなんだよ」**と言ってもらいました。

「1日1回ぐらい涙を流すのもいいかも？」

なんて「入院ノート」に書いたりしていました。

これからも、まわりには迷惑をかけてしまうかもしれませんが、

「マイナス感情に素直になれる時間」も必要なんだ

と素直に受け入れるようにしています。

41

心を強くする／メンタルを守る

メンタルを守るには、期待しすぎず、でも、ちょっと期待する。

iPS細胞で将来、脊髄損傷の治療が可能となる日が来るかもしれない。
でも、そこに期待をしすぎないことも、
自分のメンタルを守るためには大事なこと。

少し前ですが、iPS細胞研究所所長の山中伸弥教授と対談させて頂きました。

iPSによる脊髄損傷の治療は、多くの脊髄損傷患者が期待していることです。

現在はまずは急性期（ケガをして1カ月以内）の人に対しての治療効果が期待されていますが、私のように慢性期（ケガをして何年か経つ）の人に対しても、再び立ち上がることができることを目標に、研究を進めてくださっているそうです。

実際にマウスを使った研究では、慢性期の脊髄損傷のマウスが下半身の動きを回復したという研究成果が出ていると聞きました。

山中教授の話をうかがって、とても励みになり、希望が持てたのは事実です。医学は確実に進歩しています。

でも現実問題として、その一点にフォーカスしてしまうと、**「いつなのか」と焦りの日々を送ることになって、メンタルを保つのが苦しくなる**気がします。

「治らないものだ」と思っていたほうが気持ちもラクです。


「期待はしすぎず、でもちょっと期待して」

それぐらいがちょうどいいと思っています。
でもいつ、その日が来ても大丈夫なように、日々のリハビリは頑張ります！

42

心を強くする／メンタルを守る

誰かに悪口を言われたら、「心を強くするチャンス」と考える。

名前が知られるようになった分、非難する声も上がる。
「自分が本当にやりたいこと」を見つめて、先に進むしかない。

世間に名前を知ってもらえるようになって、批判を浴びることも増えたと述べました。今も悪口を言われたり、不愉快な言葉を投げられることもあります。

これはまだケガをする前のことですが、SNSで私を悪く言う書き込みを見てしまって落ち込んでいたとき、メンバーの水沢まいちゃんに、こうアドバイスされたことがありました。

「悪口を言う人は『そういうふうにしか考えられない、気の毒な人』と思って、その人より一段高いところに立てば、気にならなくなるよ」

なるほど、そう考えればいいのかと、とても気持ちがラクになりました。

人から批判されたときは、「強くなるチャンス」だと思うようにしています。

「強くなろう」「負けない心を持とう」といつも自分に言い聞かせています。

43

心を強くする／メンタルを守る

人の批判に傷ついたときは、「1のアンチの人」より、「9の応援してくれる人」を思い出す。

もちろん悪口や批判には、傷つくこともある。
そんなときは、「応援してくれる人たちの顔」を思い浮かべる。

そうはいうものの、やはり否定の言葉には、私も人並み、いやそれ以上に傷つきます。昔からなのですが、応援してくれる人が9人いて、アンチの人が1人いたら、私はどうしても**「1のアンチの人」のほうに気持ちが引っ張られてしまう**のです。

でも、冷静に考えると、**「非難をする人」よりも「応援してくれる人」のほうが圧倒的に多い**というケースがほとんどですよね。

それなのに**「アンチの人」にばかり気をとられていては、応援してくれる人に失礼**だと、あるとき気付きました。

考えてみれば、

まったく世間に知られていなかったら、
アンチもゼロなわけです。
アンチがいるのは注目されている証拠！

そう考えて、前を向くようにしています。

今後も心を鍛え、**私に求められていることに全力で応えていきたい**です。

44

体調が悪いときもある。そんなときは、我慢しないで身体の状態を、まわりに知らせる。そういう人間関係、環境が大切。

体調が悪いとき、つらいときは我慢しない。無理をすることで、結局はまわりに迷惑をかけてしまうから、自分の「今の状態」をきちんと伝えることが大事。

２０１９年5月1日に仮面女子のワンマンライブが行われたことはすでに書きましたが、このライブのためにメンバーは３日間の合宿を行うことになっていました。

私は体調を考慮し、合宿2日目から参加することになりました。

ところが、練習を始めたとたん、吐き気に襲われ、練習に参加するどころではなくなってしまいました。

急に今までとは違う動きをしたために、身体がついていかなかったのです。

下半身の感覚がなく、血の巡りが悪い私は、急激な変化に弱いというか、身体が対応できないのです。

その後も、リハーサルを重ねるごとに、どんどん身体がきつくなっていきました。

吐き気と闘い、何も食べられない、ベッドから動けない状態が続きました。

慣れない競技用の車椅子に乗ることも、「仮面女子ＣＡＦＥ」より広い会場でフォーメーション移動にしっかり加わることも、長時間リハーサルをすることも、すべて初めてのこと。

それが**いかに身体に負担をかけるか**、ということに初めて気付かされました。

プレッシャーなどのメンタル的な部分もあったと思います。

結局、3日目はホテル待機となり、合宿には1日しか参加できませんでした。
本番では、構成も変わったし、当初の予定より、かなり出番を減らしての出演になってしまいました。

悔しくてたまらなかったけど、このとき、

「やみくもに頑張る、根性でなんとかすればいい」ものではない

ということを学びました。
そんなことをしてもあとからツケがまわって、結局メンバーやスタッフさんにも迷惑をかけてしまうことになるだけです。

自分の「今の状態」を冷静に見つめてコントロールすることも必要

だとわかりました。

私は今も**原因不明の体調不良に悩まされる**ことがあります。

脊髄を損傷してしまうと、こういうことはよく起こることだそうです。

そういうときは**無理をせず、まわりに伝える**ようにしています。

どんなときも自分がラクであること、
メンタルを守ること。
それはエゴでも何でもなく、
自分の中で優先していいこと。

そう思っています。

先ほど紹介した、元仮面女子で東大を卒業した橋本ゆきちゃんは今、渋谷区議会議員になっているのですが、彼女と一緒に「障害者向け求人サイト」の発表会に呼ばれたことがありました。

そのとき、「車椅子生活になってからいちばん大事なことは何ですか？」と聞かれたのですが、この**「自分の状態を伝えること」**だという話をさせてもらいました。

まわりが気遣ってくれることも大切ですが、それを**待っているだけではなく、自分できちんと伝える必要がある**と思うのです。

「わがままだと思われてしまうんじゃないか」
「面倒くさいと思われてしまうんじゃないか」

障害を持つ人は、こんな遠慮をしてしまいがちですが、我慢する必要はないのです。

わがままではなく、きちんと伝えるべきことは伝えなくてはならないと思うのです。

食べ物にたとえれば「好き嫌い」ではなく「体質的に食べられない」ということです。

また、障害を持った人が、それを**まわりに伝えやすい人間関係、環境が整っていることも大事**だと思います。

第Ⅱ部

家族の力
仲間の力
ファンの力

Words of Tomoka Igari

45

家族の力／仲間の力／ファンの力

戻る場所、私を必要としてくれる人たちがいるから、頑張れる。

「車椅子であっても、できる仕事はいっぱいある！必ず戻ってこい！」

事故後、事務所の社長に言われた言葉に、私はもちろん、父も母も心から救われた。

「ごめんなさい、娘はもう、戻れません」

事故に遭った直後、父は事務所に対して、こう言ったそうです。

救急救命士という仕事をしている父には、私の状態（脊髄損傷）がどういうことか、十分すぎるほどよくわかっていたから、早期に伝えないといけないと思ったようです。

ところが社長は両親に対して、

「車椅子であっても、できることはいっぱいあります」
「絶対に戻ってきてください」

と言ってくれたそうです。

「事務所は全力で支えますから」とも言ってくれて、両親はその言葉にとても救われたと言っています。

特に父は本当に私以上にショックを受けていたから、この言葉は涙が出るほどありがたかったと話していました。

私がアイドル活動を始めたときは本音では歓迎していなかったはずの父が、事故後は

一変して、

「一生、アリス（事務所のこと）で働くでしょ？」

と言い出したのには驚きました。

とても嬉しかったけど、気の変わりようが……（笑）。

とにかく、事務所は最初から一貫して「車椅子でもやれる。猪狩ともかを絶対に支える」という強い姿勢を示してくれました。

「戻りたいなら戻ってもいいよ」というようなレベルではなく、「絶対に戻ってほしい」と言い続けてくれたんです。

それがあったからこそ、私には「アイドルを辞める」という選択肢は最初からなかったのだと思います。

入院後、初めて社長や事務所のスタッフさんと面会したときも、話は「今後どのように活動していくか」といった、将来に向けてのことばかりでした。

「ラジオでコーナーを持つのがいいんじゃないか」とか、「本を出版したらどうか」ということも、このときにすすめられました。

「猪狩の夢は自分の夢だから、猪狩のやりたいことを全力で支えていく」

社長に言ってもらえたときは、本当に嬉しかった。

復帰後、私の移動のために、車椅子ごと乗り込める「猪狩カー」を用意してくれたことも、とても感謝しています。

事故のときもそうでしたが、私が昇格できなくてアイドルを辞めそうになったときも、メンタルを病んだときも、いつもまわりに助けられてきました。

もしこの事務所でなかったら、そして仮面女子でなかったら、私は帰ってくることができなかったし、居場所がなかったと思います。

本当に環境に恵まれて、今の私がいます。

46

家族の力／仲間の力／ファンの力

絶望しそうになったときも、家族の絆があれば、這い上がってこられる。

私の前で一度たりとも暗い表情を見せることなく、「スーパーポジティブな言葉」をかけ続けてくれた家族。家族の言葉のおかげで、前を向くことができた。

家族は「私が車椅子生活になる」という事実を知ったとき、とてつもなくショックを受け、嘆き苦しんだことと思います。

それでも、前述したように、**家族は私の前では誰ひとりとして暗い表情を見せず、明るい言葉をかけ続けてくれたことが、何より心の支え**になりました。

「すぐに助けが来てよかったね」

「ご飯が何でも食べられるからいいね」（食事制限がなかったため）

とか。「こんなことになってしまってかわいそうに……」などという暗い言葉はひとつもなくて、**常に明るく前向きな言葉を投げかけてくれました。**

そんな家族の言葉は、私の心を温かく包み、聞いているうちに、気持ちがどんどん前向きになっていきました。

「歩けない」という事実を知ったときも、絶望のどん底まで行かなかったのは、この家族の言葉があったからこそだと思っています。

たとえば父は、私が「脚を動かせない」という事実を知る前から、

「『車椅子でも活動を続けてほしい』と事務所が言っているよ」

「車椅子で芸能活動をしている人もいるよ」

と何度となく伝えてくれていました。私が「始球式をまたやりたい」と言ったときも、**「車椅子でもできるよ」**という具合に、**絶対に否定的なことは言いませんでした。**

「車椅子に乗っていても、人を幸せにしたり、元気づけたりすることはできる」

兄のこの言葉も、同じく心に残っています。

一方で、母と姉はいつもと変わらないというか、フリートーク担当。

ずっとたわいもない話で私を笑わせ、安心させてくれました。

きっと家族は家族で、私と会っていないときには、暗い気持ちになったり落ち込んだりすることも絶対にあったと思います。

でも、私の前では一切そんな顔は見せず、いつもと同じ態度で接してくれました。

もし家族が私の目の前で落ち込んでいたり、ネガティブな発言をしたりしていたら、私は前を向くことができなかったかもしれません。

このとき家族がかけてくれた言葉は、私にとって人生の宝物とも言っていいほど、私に元気をくれました。

私も、もし家族の誰かに何か起こったら、全力で支えようと心に決めています。

「家族語録」

父「命が助かって本当によかった」

兄「自分でお母さんの職場を伝えたんでしょ？　えらいね」（救急車で運ばれたとき）

姉「元気になったらメットライフドームに行きたい」

母「お父さんは甲子園に行きたいって言ってたよ」

兄「もう何も我慢しなくていいんだよ」

父「事務所はダンスができなくても居場所はあると言ってくれてるよ」

兄「ともの大変さに比べたら、お見舞いに来るなんて少しも大変じゃないよ」

Tomoka's Note

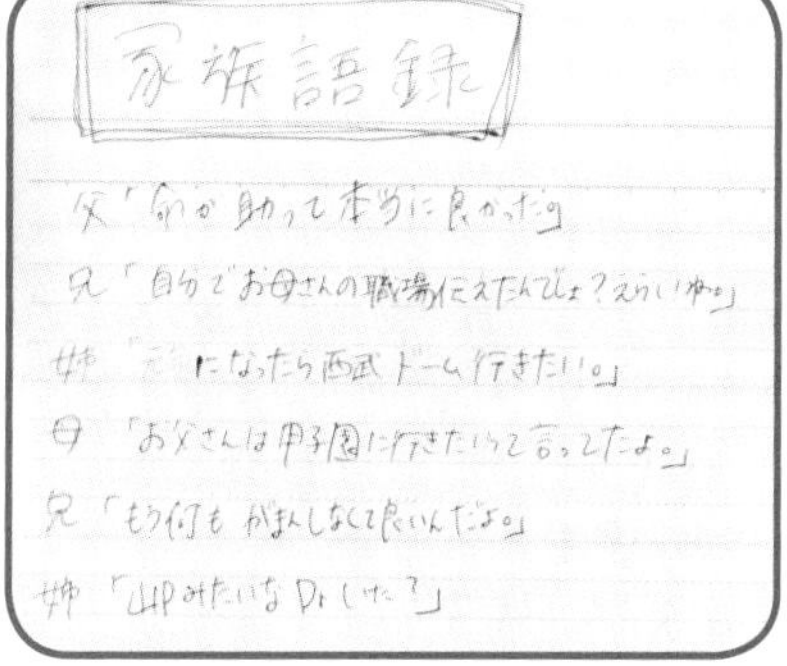

47

家族の力／仲間の力／ファンの力

人はたったひとつの言葉、たった一通の手紙で立ち直ることができる。

「ともちゃんには人を楽しませ、幸せにさせる力がある。どんな形であっても、そのことを継続してほしい」

入院中、父からもらった手紙に涙が止まらなかった。

私の父は、２０１９年に定年退職を迎えるまで、42年間、地方公務員として**救急救命士の仕事**をしていました。

救急救命士は、**救急車に同乗して患者さんの救命措置を行いながら病院へ緊急搬送する、命を救う最前線で働く仕事**です。

命の瀬戸際で人命救助のために一心に働いてきた真面目一徹な父にとって、末っ子の私が「アイドルになりたい」と言い出したときは、驚天動地だったようです。

「アイドル」「芸能界」なんて、父にとっては遠い世界の話。

それもテレビでよく見るアイドルならいざ知らず、「地下アイドル」なんて、異次元レベルの話だったことでしょう。

表立って反対はしなかったけれども、本音では「管理栄養士として働いてほしいな……」という思いでいたはずです。

デビューしてからもずっと私のことを、危なっかしい思いで見ていたように思います。

その私が突然の事故に遭ってしまった……。

仕事で何度となく患者さんを運び込んだ病院に駆けつけ、私のレントゲンの写真を見せられた父はハッと息を呑み、**一瞬にして事態を悟った**そうです。

「脊損（脊髄損傷）じゃないか……」

「これでは立つことも歩くこともできない……」

このとき父の受けたであろう衝撃は……、想像するのもつらいです。

事故直後、姉から聞いたのは、**父は事故直後からものすごく落ち込みつつも、**

「ともちゃんの専属マネージャーになって、送り迎えやスケジュール管理をする」

と言っていたそうです。

実際に、私が退院してからは、時には夜勤明けでほとんど寝ていないときも、私をリハビリ先まで送迎してくれました。

それはもちろん母も同じで、今も地方公務員の仕事をしながら、私の生活をすべてサポートしてくれています。

入院中、父から手紙をもらいました。

手書きではなくワード打ちの印刷で（笑）。

「なぜワード？」と心の中でツッコミながら読みましたが、読んでいるうちに涙が止まらなくなってしまいました。

私のアイドル活動にいい顔をしなかった父の渾身の「励ましの言葉」。

感動しすぎて、その日は泣きながら夕食を食べました。

48

家族の力／仲間の力／ファンの力

つらい記憶も
唇をかみしめた昨日も
何もかもが笑える過去になる。

父が「入院ノート」に残してくれたメッセージ。
父の天然っぷり（？）に、日々救われ、助けられています。

まだ前向きになれていない頃、「入院ノート」に弱音ばかりを綴っていた私……。

それを見て心配したのか、父が赤ペンでノートにメッセージを残してくれました。

トンネルの先に一筋の光
私の心に降り注いで
つらい記憶も
唇をかみしめた昨日も
何もかもが笑える過去になるよ　父より

パッと見たときは「何かいいことを書いてくれたんだな」と一瞬感動したけど、よく見たらこれ、仮面女子の楽曲「仮面大陸 ペルソニア」の一節（笑）。

でも父が仮面女子の曲で私を励ましてくれたことは嬉しかったです。

娘が頑張って車椅子からひとりで降りようとしている横で芋けんぴを食べる父（笑）。

「貧血なんだから鉄分をしっかり摂りなさい」と言いつつ、娘のプルーンを食べる父（笑）。

救急救命士なのに車椅子を押すのがヘタな父（笑）。

天然というのかはよくわかりませんが、今でもよく、父の言動には密かに笑わされています。

49

家族の力／仲間の力／ファンの力

「応援のパワー」ってすごい。「見えない力」が働くことは、やっぱりある。人は応援の力で、限界突破できる！

多くの人の応援の力がなかったら、私は前を向くことができなかった。「私はここにいていいんだ」と思えるのは、「応援の力」があるから。応援をもらった分、今度は自分が返す人になりたい。

入院中のリハビリの時間でのこと。

あるとき、「頑張って！　もっと！　もっと！」と、先生がものすごく大きな声を出しながら、リハビリの患者さんを励ましているのを見かけました。

「どうしたんですか、まさか松岡修造さんでもいるんですか（笑）？」と聞いたら、

「**『声援を受けると、受けていない状態より力が出る』**ということが科学的に証明されているんだよ！」

と教えてもらいました。

「なるほど〜〜！」と感動。

松岡修造さんのあの熱い声援は、やっぱり大きな意味があるんだな、と納得しました。

私も今回のことで、本当に**「皆さんがくれる応援のパワー」**を実感しています。

入院中はもちろんですが、復帰して、車椅子での活動を始めたとき、**「こんな私に需要があるのかな……」**と思ってしまって不安でいっぱいでしたが、どんなときも私を応援してくださる人の声が背中を押してくれました。

ファンの方はもちろん、今回の事故で私を知ってくださった人の応援の声もすごくありがたくて、**一つひとつが私の元気の源**になりました。

「私はここにいていいんだ」と認めてもらえた気がして、それが大きな力となりました。

皆さんの応援がなければ、
今の私はなかったと思います。

私たちはライブの本番の前に、リハーサルをします。

このとき、お客さんがいない状態でのリハーサルと、お客さんがいる状態でのライブはまったく雰囲気が違います。本番中もコールが大きければ大きいほど、私たちも驚くほど力が出て、いいパフォーマンスができるんです。

アイドルのパフォーマンスは「応援」があってこそ、です。

「見えない力」が働くことって本当にあるんですね！

私もたくさんの応援をもらった分、
今度は自分が元気を分けてあげられる人になりたいです。

第 II 部

未来を見つめる
前に進み続ける

Words of Tomoka Igari

50

未来を見つめる／前に進み続ける

いつだって、何度だって、新しい人生は始められる！

人生2回目の、そして車椅子生活になってからは初めての始球式。
小さい頃から夢見ていた憧れの舞台で、私は渾身の一球を投げた。
今日からは「新しい猪狩ともか」の始まり！

「メットライフドームで始球式をやりたい！」

これは**私の子どもの頃からの夢**でした。

仮面女子になってついにこの夢が叶い、２０１７年9月8日、初の始球式を行うことができました。

でも一生懸命投球練習をしたのに、惜しくもワンバウンドという結果に。

「今度こそノーバウンドで投げてリベンジしたい！」と、また夢に見ていました。

その後、予想もしていない事故に遭い、車椅子生活となりましたが、「もう一度始球式をやりたい」という野望は捨てていませんでした。

「車椅子でもノーバウンド始球式をしたい！」

ケガを公表したときのブログに書き、周囲にも公言していました。

その後、ライオンズの炭谷選手（現読売ジャイアンツ）から、「もう1回始球式やりませんか？」というお言葉を頂いたときは信じられない思いでした。

しかもその始球式の日は２０１８年9月9日。１年前とほぼ同じ日付でした。

私はたまたまだと思っていたのですが、

「あれから1年後のこの日に、
新たな人生を始めることができるように」

そんな球団の方の思いが込められたものでした。

この話を聞いてとても感動し、さらに「頑張るぞ！」という気持ちになりました。


ところが投球練習を始めてみると、予想以上に難しくてビックリ。

車椅子に座ったままの状態では、全力で投げても、5メートルも飛ばなかったのです。

マウンドの少し前（車椅子でマウンドには入れないため）からキャッチャーまでノーバウンドで届けるには、16メートルほど飛ばせるようにならないといけません。

下半身がまったく動かない私は、脚で踏ん張ることができないし、身体をうまくひねることもできません。

脚が使えないだけで、こんなにも投げるのが難しいのだと思い知りました。

練習を続けて、10メートルほど投げられるようになりましたが、それでもホームは遠い……。

そして迎えた当日。

私の人生は1年前とはガラッと変わってしまいましたが、

「新たなスタート、新たな猪狩ともかの始まり！」

と思い、全力で投げました。


結果はツーバウンド。

「ノーバウンドで投げたい！」という目標は達成できず悔しかったのですが、満場の「ともかコール」と大きな拍手をもらって、とても嬉しかったです。

その翌年の5月にも3回目の始球式をさせて頂きましたが、またまたツーバウンド。

けれど、その前の年よりも極めてワンバウンドに近いツーバウンドでした。

確実に力はついてきているので、次のチャンスに向かって、まだまだ練習！


今度こそ、今度こそ！

ノーバウンドで！

51

未来を見つめる／前に進み続ける

少しでも人を勇気づけ、元気を与えることができたら、それは自分の生きる糧になる。

「これからは人を勇気づける存在になるんだよ」

事故直後、事務所の社長から言われた言葉。この言葉には深い意味があった。

入院中、ある女の子のツイートを見つけました。

彼女は自殺を考えて死のうと思ったとき、私やアイドルグループの女の子たちが、苦しくてもファンの方の前で一生懸命頑張る姿を見て、勇気づけられたといいます。

それを見て、事故の直後、事務所の社長に言われた言葉を思い出しました。

「猪狩が今後も自分のことを発信していく道を選んだら、多くの人を勇気づけることができる」

「たとえば『死のう』と思っている人が、猪狩の姿を見て、『もう少し頑張ろう』って思ってくれるかもしれない。猪狩はこれから、そういう存在になるんだよ」

この言葉を聞いたときには、自分が本当にそんな存在になるなんて想像もつきませんでした。

でも、そのツイートを見たとき、**「人を勇気づける存在」**に近づけたような気がしました。

社長は、私が仮面女子に昇格できず、悩んでいた頃にも、

「まずは自分のために頑張りなさい。
猪狩を見てくれる人が増えれば、
自分のためにやっていることが人のためになるよ」

と言ってくださったことがありました。

初めての始球式を終え、たくさんの人から「夢を叶える姿に勇気をもらった」と言ってもらえたとき、この言葉の意味がわかりました。

そこで思ったのは、

ほんの少しでも人を元気づけ、
勇気を与えることができたら、
それは自分の自信となり、
生きる糧となる

ということ。

投げかけたことは自分に返ってくるんですね。

社長がくださる言葉はいつも、私の価値を高め、自信をくれます。
だからこそ、社長は私にこの言葉をかけてくれたのかもしれません。

52

未来を見つめる／前に進み続ける

自分のためにやっていることが、他人にプラスを与えることもある。影響力って、そういうことなのかな。

今はまだ自分のことで精一杯。
でも、それが結果的に人を励ますことになっていたら、とても嬉しい。

入院中、リハビリの様子をずっとブログで発表していたのですが、皆さんから「勇気づけられます！」「元気をもらえる」というコメントをたくさん頂きました。

同じような立場の人からも、多くの感想を頂きました。

なかには、脳こうそくの後遺症で脚に麻痺が残った高齢の男性が私のことをテレビで知り、「若い子には負けられん！」とリハビリに取り組み始めたという話も聞きました。

リハビリの先生にもよく**「その明るさで、まわりの人も明るくしてあげてほしい」「元気を分けてあげてほしい」**と言ってもらっていました。

リハビリもただやればいいのではなく、前向きに取り組むことがとても大切だそうです。

私自身は「誰かを元気づけられる」「人に勇気を与えたい」なんて、カッコいいことを言える状況ではなくて、今はまだ自分のことで精一杯です。

でも**自分のためにやっていたことが、結果的に人を励ますことになっていたら、とても嬉しい**です。

53

未来を見つめる／前に進み続ける

生きていれば、
たくさんの楽しいことに出会える！
人生は、まだまだこれから！

入院中、メンバーと初外出。

ブルーベリー狩りをしたり、ショッピングしたり……。

外の空気に触れてリフレッシュ。

「人生には、まだまだ楽しいことがあるんだな～」

入院中の6月、メンバーと初めて外出をしました。

事務所が用意してくれた、車椅子のまま乗り込める福祉車両、通称**「猪狩カー」**と初対面。みんながベルトを締めたり、リフトを操縦したりしてくれました。

本当にありがたくて、嬉しかったです。

私にとってもメンバーにとっても、マネージャーさんにとっても、**初めての「猪狩カー」での外出**。ウキウキでした。

最初の目的地はブルーベリー狩り！

ブルーベリー狩りは、メンバー全員が人生初！

冷凍のブルーベリーやブルーベリー味のものは食べたことがあっても、とれたてのブルーベリーを食べたのは初めて。とれたてって、すご〜くおいしいんですね。品種や日当たりによって甘酸っぱかったり、酸っぱかったりして「自然の味」っていう感じがしました。

そのあとはお買い物へ。

父の日と母の誕生日が近いので、毎年6月は父と母にプレゼントを買うのが恒例のイベントになっています。

でも、事故の翌月だった5月の母の日には何もできなくて悲しかったので、その分の気持ちも込めてプレゼントを選びました。

「何にしようかな〜」と悩む時間は、とても楽しかったです。


その後は公園へ行き、シャボン玉で遊んだり、カメにエサをあげたり。

とてもリフレッシュできました。


まだまだ楽しい時間は続き、夕飯にはしゃぶしゃぶを食べに行きました。

「外出したらしゃぶしゃぶを食べたい！」ってずっと思っていたんです。

久しぶりにお腹がキューピーちゃんみたいに膨れました。


ケガをする前はずっと忙しくて、メンバー同士で遊ぶ機会はなかなかなかったから、**とても貴重で幸せな時間**でした。

もし事故に遭わなかったら、
「小さなイベントの楽しさ」に気付かなかった

と思います。

これからの人生、
まだまだ楽しいことがたくさんある！

そう思えた特別な1日でした。

54

未来を見つめる／前に進み続ける

車椅子はたしかに不便だけど、決して不幸ではない。障害を負った私は、これからも人前に出続ける使命がある。

車椅子という立場になったことで、アイドルの枠を超えて「自分の新しいミッション」を見つけることができた。

車椅子生活という立場になってみて、初めてわかったことがいっぱいあります。

今はバリアフリー化が進んでいますが、それでもやっぱり公共交通機関での移動が困難だったり、トイレが大変だったり、周囲の理解が足りなかったりと、まだまだ問題はあります。

もっともっと、障害のある人に優しい社会になってほしい。

心から思っています。

甥っ子のRちゃん（当時3歳）は、**「大きくなったら野球選手になって、ともちゃんを抱っこしてあげる」**と言ってくれました。

私が車椅子で移動できない階段を父におんぶしてもらっているとき、「Rちゃんも大きくなったらおんぶしてね」と言ったんです。

そうしたら「わかった！」とうなずいてくれて、そこから「強い身体になって私を抱っこしてあげる」という発想になったのだと思います。

甥っ子は幼い頃から、車椅子に乗っている私と一緒に過ごしているから、今後も障害のある人に何の偏見もなく接することができるんだろうなと思います。

障害を持っている人と、そうでない人との間に壁がある原因は、**「知らない」「わからない」**ということだと思うんです。**ほかならぬ私自身がそうだった**から。

だから教育の過程にそうした「ふれあいの場」を設けることが必要ではないかと思います。

子どもの頃からお互いが接する機会があったらそれが当たり前になって、偏見や戸惑いがなくなり、障害のある人に優しくできるのではないでしょうか。

社会の理解が進めば、障害を持った人は、もっと社会に出ていきやすくなると思います。

それと同時に、

車椅子に乗っていることは不便ではあるけれど、

決して不幸ではない。

ということも知っておいてほしいし、是非発信していきたいと思います。

もちろんすべての障害をお持ちの方が、そういう考えとは限りませんが……。

そのために具体的に何ができるかは今はまだよくわからないけれど、ひとつ言えるのは、

障害を持った私は、
これからも人前に出る使命がある。

今、強くそう確信しています。

55

エピローグ

車椅子生活になって
新しく開いた道で
自分の可能性を信じてみたい。

2020年秋に仮面女子を卒業します。

仮面女子として活動している中、突然起きた事故。

下半身が麻痺し、車椅子生活となりました。

でも、そんな私でも必要としてもらえる場所がありました。

家族やメンバー、スタッフの皆さん、ファンの皆さん。たくさんの方たちの支えがあり、私は「仮面女子」という居場所に戻ることができました。

事故や病気により障害を負い、職を失ってしまう人も少なくありません。

私は本当に恵まれた環境にいたのだと、改めて気付きました。

私は、仮面女子だったから、仮面女子という存在があったから……。

ケガをしても、また輝ける場所がありました。

ですが、そんな**仮面女子に頼ることなく「猪狩ともか」個人として活動していきたい**と、いつからか思うようになりました。

もしケガをしていなかったら、私はすでに仮面女子を卒業していたかもしれません。

そして卒業後、個人活動をしていけるような武器は何もなかったと思います。

だから**むしろ、ケガによってタレント寿命が延びた**のです。

あの日の、あの出来事で「失ったもの」ばかりではなく、「新しく得たもの」もたくさんありました。

新たな道へ進むのはとても勇気がいるけど、自分の可能性を信じて、進んでいきます。

卒業後、ぐんぐんと活躍することが仮面女子への恩返しになると思うので、みんなに負けないよう頑張ります。

仮面女子のこと、ずっと応援しています。


人生は何が起きるかわかりませんが、案外どうにでもなります。

どんなときでも希望を捨てないことが大事だと、私は思います。

そしてやっぱり「前向き」でいること！

一度きりの人生、皆さんも前向きで幸せでありますように！

2020年7月

猪狩ともか

【著者紹介】

猪狩ともか（いがり　ともか）

アイドルグループ「仮面女子」のメンバー。1991年生まれ。埼玉県出身。

2018年４月、強風で倒れてきた看板の下敷きになり、緊急手術を受けたが脊髄損傷を負い、以後、下半身不随に。

事故は、ヤフートピックスなど数多くのニュースで取り上げられ、多くの人の知るところとなった。絶対安静の状態からリハビリを経て、18年８月、車椅子に乗りながらアイドルとして復帰を果たす。

その後、NHK Eテレ ハートネットTV『パラマニア』にレギュラー出演、映画『リスタート ランウェイ～エピソード・ゼロ』（19年９月公開）で主演を務めたほか、各種イベント講演など、アイドル以外にも活動の場を広げている。

東京都「東京2020パラリンピックの成功とバリアフリー推進に向けた懇談会」メンバー。東京都より「パラ応援大使」に任命される。

フジテレビ『ザ・ノンフィクション』で19年８月、「ある日 娘は障がい者になった ～車椅子のアイドルと家族の１年～」として取り上げられ、大きな反響を呼んだ。

本書が待望の初の著書。

100%の前向き思考
生きていたら何だってできる！　一歩ずつ前に進むための55の言葉

2020年8月13日発行

著　者——猪狩ともか
発行者——駒橋憲一
発行所——東洋経済新報社
〒103-8345　東京都中央区日本橋本石町 1-2-1
電話＝東洋経済コールセンター　03(6386)1040
https://toyokeizai.net/

ブックデザイン……井上新八
写　真…………西邑泰和　カバー・本文（以下は除く p18-19,p155,p173,p197,p215,p263）
T. Okamoto　本文（p173,p215,p263）
ヘアメイク………畑野和代　カバー・本文（p9,p101,p105,p129,p239,p281,p303）
ＤＴＰ…………アイランドコレクション
印　刷…………ベクトル印刷
製　本…………ナショナル製本
編集協力………高橋扶美／松原大輔（パインプレーリー）
編集アシスト……田中順子／濱田千鶴子
校　正…………加藤義廣／佐藤真由美
編集担当………中里有吾

Printed in Japan　ISBN 978-4-492-04660-9